かわいく たのしい パネルシアター

自由現代社

かわいくたのしい パネルシアター

CONTENTS

もくじ	2
本書の特長／誌面構成について	4
パネルの作りかた／舞台の作りかた	5
絵人形の作りかた	6
しかけなどについて	7
歌って楽しむパネルシアター	8
名作を楽しむパネルシアター	34
生活を楽しむパネルシアター	58
型紙集	83

歌って楽しむパネルシアター

sings and enjoys

 1. ならのだいぶつさん　8

 2. うみ　14

 3. メリーさんのひつじ　19

 4. おはなしゆびさん　23

 5. かわいいかくれんぼ　28

名作を楽しむパネルシアター
masterpiece is enjoyed

- 1. オオカミと7ひきの子ヤギ　　**34**
- 2. 3つの願い　　**41**
- 3. ヤギとコオロギ　　**47**
- 4. 金のおのと銀のおの　　**52**

生活を楽しむパネルシアター
life is enjoyed

 1. お誕生日おめでとう　　**58**

 2. せんたく大好き　　**65**

 3. 野菜ができたよ！　　**71**

 4. ○△□で 何つくろう？　　**77**

★ 本書の特長

　パネルシアターのステージでは、子どもたちは「今からどんなことが始まるんだろう？」と、目をキラキラ輝かせます。絵人形が簡単にはったりはがれたりすることの不思議さや、次々と展開するさまざまな世界に、子どもたちは、ワクワクしながら想像力をふくらませることができます。

　本書では、「歌って楽しむパネルシアター」「名作を楽しむパネルシアター」「生活を楽しむパネルシアター」というテーマで、お誕生日会や園の行事の他に、園生活のいろいろな場面で、子どもたちがパネルシアターを楽しめるような内容を取り上げています。そして、すべてのパネルシアターについて、可愛らしいイラストの型紙をつけており、拡大コピーして簡単に使えるようになっています。さらに、本書の最大の特長は、絵人形に糸をつけて不思議な動きをしたり、いくつかの絵人形を糸止めして、まるで生きているかのような動きを表現したり、しかけのポケットからさまざまなものが飛び出したりなど、子どもたちがアッと驚くようなしかけが、ふんだんに盛り込まれていることです。こうしたしかけのあるパネルシアターを演じることで、子どもたちは、より興味を持って楽しむことができ、豊かな心を育むことにつながります。子どもたちが夢中になるような楽しいパネルシアターを、保育現場でぜひお役立てください。

★ 誌面構成について

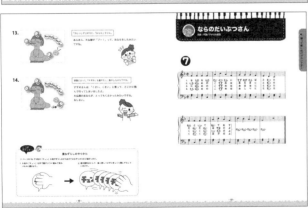

❶ 各パネルシアターの特長や、演じる際のポイントなどを説明しています。

❷ パネルシアターを演じる際に必要なものを紹介しています。
なお、各パネルシアターの型紙はP.83以降にございます。また、「木」「草」など、共通して使用していただく型紙については、P.110以降にございます。

❸ しかけのある絵人形について、各しかけの作りかたを説明しています。

❹ ▭▭▭ で囲んでいる部分の文章は、パネルシアターの具体的な動かしかたなどを解説しています。

❺ 保育者の子どもに対する言葉がけやセリフの具体例を記載しています。

❻ 歌の部分の歌詞を示しています。

❼ 歌を用いたパネルシアターでは、楽曲の楽譜を掲載し、すべて伴奏をつけています。また伴奏は、簡単で弾きやすく、なおかつ楽曲のよさを引きたてたアレンジになっています。

☆ パネルの作りかた

用意するもの
- 段ボール、スチロールパネル、ベニヤ板など
- パネル布
- はさみ、カッターなど
- ガムテープ

ここでは、パネルの基本的な作りかたをご説明いたします。

① タテ７０～８０ｃｍ、ヨコ１００～１１０ｃｍくらいの大きめの段ボール、またはスチロールパネル、ベニヤ板などを用意します。

② タテ・ヨコともに、①より１０～１５ｃｍくらい大きく切ったパネル布を用意します。

③ ②の上に①を乗せ、あまったパネル布を折り返して、ガムテープをはります。このとき、パネル布がピンと張るように、ぴっちりとめます。

①  ② 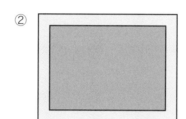 ③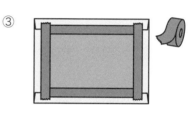

☆ 舞台の作りかた

ここでは、パネルシアターを演じる際に使用する、舞台の基本的な作りかたをご説明いたします。

用意するもの
- 机、テーブルなど
- 大きめの積み木、レンガなど、パネルの支えになるもの
- ガムテープ

① 机やテーブルと、パネルを支える大きめの積み木などを用意します。

② ①にパネルを乗せ、積み木やレンガなどで支えて、数ヶ所をガムテープでとめて、固定します。

＊なお舞台は、パネルシアター用のイーゼルを使ってもいいでしょう。

①  ②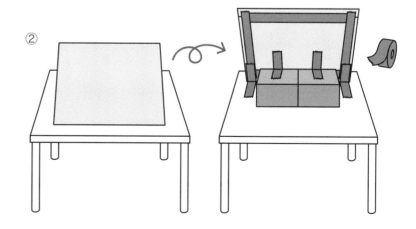

☆絵人形の作りかた

用意するもの
- 型紙のコピー
- Pペーパー（パネルシアター用不織布）
- はさみ
- 鉛筆
- 水彩絵の具、またはポスターカラーなど
- 油性マジック
- 筆
- パレット

ここでは、絵人形の基本的な作りかたをご説明いたします。

① 型紙をお好みの大きさに拡大コピーします。

② Pペーパーの下に①を敷き、しっかり押さえながら、鉛筆で絵を写し取ります。

③ 水彩絵の具、またはポスターカラーなどで、②に色をつけます。

④ 乾いたら、輪郭線を油性マジックで縁取りします。

⑤ 形に添って、はさみで切り取ります。

①

②

③

④

⑤

できあがり！

★しかけなどについて

ここでは、絵人形の基本的なしかけについてご説明いたします。

★表裏のはり合わせ

表裏のある絵人形は、木工用ボンドではり合わせて、両面を使用します。

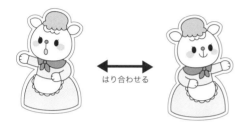

★切り込み

「切り込み線」が書かれている型紙には、切り込みを入れます。切り込みに別の絵人形を隠したり、出したりします。

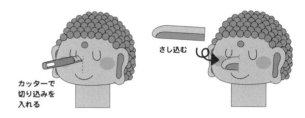

★裏打ち

Pペーパー同士はくっつかないため、絵人形に別の絵人形をはる場合は、上からはる絵人形の裏にパネル布をつけて、裏打ちします。

★ポケット

絵人形にポケット部分を作り、別の絵人形を隠したり、取り出したりします。

★糸づけ

絵人形の×の部分に糸をつけて、糸の先には小さく切ったPペーパーをつけます。パネルに乗せた絵人形の糸を引っ張ることで、絵人形が動きます。

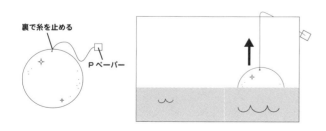

★糸止め

絵人形の×同士を糸止めします。パネル上で動かすと、まるで生きているかのような、不思議な動きになります。

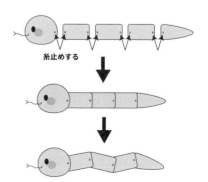

sings and enjoys
歌って楽しむパネルシアター①

ならのだいぶつさん

POINT

大仏の頭が長く伸びたり、鼻がトンネルのように出てきたり、おしりが飛び出したりと、奇想天外でユーモラスなしかけを楽しむパネルシアターです。「♪ならのだいぶつさん」の歌詞に合わせて、すずめや大仏のしかけをタイミングよく動かしましょう。

用意するもの　型紙は P.83-84

◎ 大仏の顔　　◎ 大仏の胴体　　◎ 鼻　　◎ 鼻のポケット

 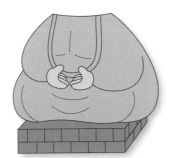 

◎ おしり

◎ すずめ〈表〉（3枚）　◎ すずめ〈裏〉（1枚）　◎「おなら」プレート　◎「チュン」プレート（5枚）

しかけの準備

① 「大仏の顔」の切り込み線に切り込みを入れます。

② 「鼻のポケット」の下記のグレー部分に木工用ボンドをぬり、①の「大仏の顔」とはり合わせます。

③ 大仏の顔の切り込み線に「鼻」をさし込みます。

sings and enjoys
ならのだいぶつさん

あそびかた

1.

「大仏の顔」に「鼻」のしかけをセットし、「胴体」に「顔」と「おしり」部分を重ねてはる。

ここに大仏様がいます。大仏様のところにすずめが飛んできて、いろいろなところにとまるみたいですよ。
じゃあ、みんなで「♪**ならのだいぶつさん**」の歌を歌いましょう。

2.

「すずめ」(表)3つをひとつずつ出して、大仏のまわりにはる。ひとつだけ表裏にはり合わせておき、その「すずめ」は大仏のおしりの近くにはる。

♪
ならの　ならの　だいぶつさんに
すずめが　さんば　とまった
なんといって　ないてます

3.

保育者は、ひじを両脇につけ、すずめの羽をイメージして、歌詞に合わせて両手首を5回動かす。

♪
チュンチュンチュンチュンチュン

4.

「すずめ」(表)ひとつをはがし、「大仏の顔」の上にはる。

♪
いちばんめの　こすずめは
あたまに　とまった

歌って楽しむパネルシアター

5.

「大仏の顔」にはった「すずめ」(表)を一緒に持ちながら、首の部分が伸びるように、「胴体」から上にずらす。

♪ たかい　たかい　おやまだよ

6.

3.と同様に、保育者は歌詞に合わせて両手首を5回動かす。

♪ チュンチュンチュンチュンチュン

7.

2つめの「すずめ」(表)を大仏の「鼻」の先にあてる。

♪ にばんめの　こすずめは
　 おはなに　とまった

8.

「すずめ」(表)と「鼻」を一緒に持ちながら、鼻の部分が伸びるように、「大仏の顔」のしかけから出す。

♪ くらい　くらい　トンネルだよ

9.

3.と同様に、保育者は歌詞に合わせて両手首を5回動かす。

♪ チュンチュンチュンチュンチュン

10.

表裏にはった3つめの「すずめ」（表）を、大仏の「おしり」の部分にあてる。

♪ さんばんめの　こすずめは
　 おしりに　とまった

11.

「すずめ」（表）と「おしり」を一緒に持ちながら、おしりが伸びるように、「胴体」から出す。

♪ くさい　くさい　おかだよ

12.

「チュン」プレートを5枚重ねて持ち、指でずらしながら広げてはる。（※詳しいやりかたはP.12に掲載しています）

♪ チュンチュンチュンチュンチュン

13.

「おしり」の上の方に、「おなら」プレートをはる。

あらあら、大仏様が「プー！」って、おならをしたみたいですね。

14.

表裏にはった「すずめ」を裏がえし、動かしながら下げる。

すずめさんは、「くさい、くさい」と言って、どこかに飛んで行ってしまいましたよ。
大仏様のおならが、とってもくさかったみたいですね。
おしまい。

重ねずらしのやりかた

11ページの **12.** で5枚の「チュン」プレートを指でずらしながら広げてはるやりかたをご紹介します。

1. 5枚の「チュン」プレートを手で隠すように重ねて持ち、パネルに置きます。

2. 指を横向きにして、強く押しつけずにゆっくり横にずらしていきます。

ならのだいぶつさん

作詞：不詳／アメリカ民謡

sings and enjoys
歌って楽しむパネルシアター②
うみ

POINT
「♪うみ」の歌に合わせて、太陽が海に沈んだり、海から月が昇ったり・・・。月と船の絵人形には糸をつけて動かします。月は糸を上に動かして昇っていく様子を表現し、船は糸を横に引くことで、船が進んでいく様子を表現します。子どもたちはその不思議な様子に、きっと引き込まれることでしょう。また、波を動かした後には、海からクジラが出てきて、潮を吹くしかけも登場します。

用意するもの　型紙は P.85-87　【共通型紙素材－太陽＜型紙P.111＞】

●海（2～3枚）

●月

●ウサギ

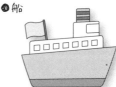
●船

●波

●クジラ

●クジラの潮

●よその国

しかけの準備

① 「月」と「船」の×部分に糸をとおして裏で糸止めします。糸の先には小さく切ったPペーパーをつけておきます。

② 「海」を2～3枚、パネルの下の方にはり、「月」と「クジラ」「クジラの潮」を海に隠すようにはっておきます。
「クジラの潮」は「クジラ」に重ねておきます。

③ 「ウサギ」に小さく切ったパネル布を木工用ボンドではり、裏打ちしておきます。

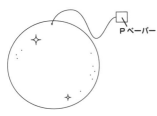

裏で糸止めする

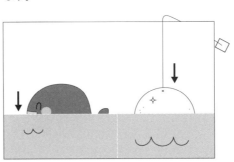

「ウサギ」の形より小さく切ったパネル布を裏にはる

sings and enjoys
うみ

歌って楽しむパネルシアター

1.

「太陽」を右上にはっておく。

ここに、ひろーい海があります。空には、お日様が出ていますね。これから、この海で、どんなことが起きるのでしょうか？ じゃあ、みんなで「♪うみ」の歌を歌ってみましょう。

♪ **うみは ひろいな おおきいな**

2.

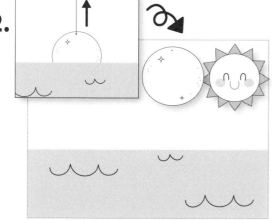

「月」のしかけ糸をパネルの後ろから引き、月が昇るように上に動かす。

♪ **つきが のぼるし**

3.

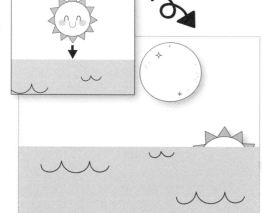

「太陽」を下に動かして、海に沈むように、「海」の中に隠す。

♪ **ひが しずむ**

4.

「月」の中に「ウサギ」をはる。

お日様が海に沈んで、月が昇りましたね。月では、ウサギさんがお餅つきをしているみたいですよ。

5.

「波」を出し、海の水平線に沿いながら、左から右に動かし、下げる。

　　うみは　おおなみ　あおいなみ
　　ゆれて　どこまで　つづくやら

6.

「海」の中から、「クジラ」と「クジラの潮」を持ち、「クジラ」を「海」から少しだけ出す。

波が揺れたと思ったら、おやおや、海の中から何か現れましたよ。何でしょう？

7.

子どもたちの反応を受けて、「クジラ」と「クジラの潮」を持ち、「クジラ」を海に泳いでいるように出す。

あたり〜！　クジラさんでしたね。

「クジラ」の頭から「クジラの潮」を出す。

あらっ、クジラさんが潮を吹きましたよ。

8.

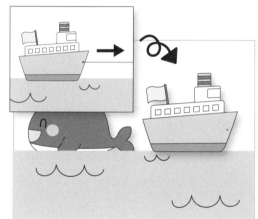

「月」と「うさぎ」を下げ、「船」をパネル左側の水平線あたりにはり、糸のしかけを横から動かして、船を動かす。

♪
うみに　おふねを　うかばせて
いってみたいな　よそのくに

9.

「クジラ」と「クジラの潮」、「船」を下げ、「よその国」をはる。

お船は海をずっとずっと進んで、遠い遠いよその国に着いたみたいですね。よかったね。

うみ

作詞：林 柳波／作曲：井上武士

sings and enjoys
歌って楽しむパネルシアター③
メリーさんのひつじ

> **POINT**
> 主人公のメリーさんは、顔と胴体を別々の絵人形にしています。胴体に対して顔を自由な角度ではることで、どこにでもついていくメリーさんのユニークさを演出します。顔をいろいろな角度にずらしてはり、おもしろさを表現しましょう。また、顔は、胴体の左にはったり右にはって、動きの変化を表現することができます。最後は、先生に怒られて、しくしく泣くメリーさんの顔になります。

用意するもの 型紙は P.87-88 【共通型紙素材ー木1、草1＜型紙P.110＞】

 ⓐ メリーさんの顔＜表＞

 ⓑ メリーさんの顔＜裏＞

 ⓒ 生徒

 ⓓ 先生

 ⓔ メリーさんの胴体

 ⓕ 男の子

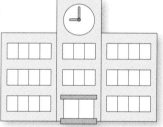 ⓖ 学校

しかけの準備

① 「学校」の後ろに「生徒」と「先生」を隠すようにはっておきます。

② パネルにはった「メリーさんの胴体」に対して、「メリーさんの顔」＜表＞＜裏＞は、左右に向きを変えることができます。顔は角度をいろいろ変えて、動きを出します。

＜表＞

＜裏＞

1.

パネルに「木1」と「草1」をはっておく。「メリーさんの胴体」の左側に「顔」(表)をつけて持ち、

みんな、メリーさんというひつじを知っているかな？とってもかわいくて、真っ白なひつじですよ。じゃあ、みんなで「♪**メリーさんのひつじ**」の歌を歌いましょう。

メリーさんを動かしながら、

**メリーさんの ひつじ メエメェ ひつじ
メリーさんの ひつじ まっしろね**

2.

メリーさんはね、誰のあとでも、どこへでもついて行ってしまうんですって。

メリーさんを一度パネルにはり、男の子を出して、

おやおや、男の子がやって来ましたよ。

「メリーさん」が「男の子」について行くように動かす。

**どこでも ついていく メエメェ ついていく
どこでも ついていく かわいいわね**

3.

メリーさんは、男の子のあとをついて行きましたね。さて、どこまでついて行くのでしょう？

「木1」と「草1」を下げ、「学校」を中央にはる。「男の子」についていくように「メリーさん」を動かし、学校に近づける。

**あるとき がっこうへ がっこうへ がっこうへ
あるとき がっこうへ ついてきた**

4.

おやおや、メリーさんは、男の子の学校までついて行ってしまいましたね。

「男の子」と「メリーさん」をはり、「学校」の後ろに隠してあった「生徒」を出して、動かす。

♪
せいとが わらった アハハ アハハ
せいとが わらった それをみて

5.

メリーさんは、学校の生徒たちに笑われてしまいましたね。さて、そのあとはどうなるのでしょう・・・。

「生徒」をはり、「学校」の後ろに隠してあった「先生」を出して、動かす。

♪
せんせいは かんかんに おこって おこって
せんせいは おこって おいだした

6.

「先生」をはり、「メリーさんの顔」を裏がえして、「メリーさんの胴体」の右側につけて、動かす。

♪
メリーさんは こまって こまって こまって
メリーさんは しくしく なきだした

おやおや、メリーさんは学校の先生に怒られて、しくしく泣き出してしまいましたね。
メリーさんは、誰かとお友だちになりたかったのかもしれないですね。
ちょっとかわいそうなメリーさんでしたね。

メリーさんのひつじ

作詞：高田三九三／アメリカ民謡

sings and enjoys
歌って楽しむパネルシアター④
おはなしゆびさん

POINT
親指〜小指のそれぞれの指を、手のひらの絵人形に糸止めし、「♪おはなしゆびさん」の歌詞に合わせて、指を動かします。それぞれの指に動きが出て、擬人化して見えるパネルシアターです。また、指を動かした後には、お父さん指にネクタイをはったり、お母さん指にエプロンをつけて、楽しさを盛り上げます。

用意するもの　型紙は P.89

- ⓐメガネ
- ⓑネクタイ
- ⓒバッグ
- ⓓエプロン
- ⓔ帽子
- ⓕミルク
- ⓖ小指
- ⓗ薬指
- ⓘ中指
- ⓙ人さし指
- ⓚ親指
- ⓛ手のひら

 しかけの準備

① それぞれの指が手のひらの後ろにくるようにして、それぞれの×を糸止めします。

糸止めする

② 「メガネ」「ネクタイ」「エプロン」「帽子」「バッグ」「ミルク」の小物に、それぞれの大きさより小さく切ったパネル布をはり、裏打ちします。

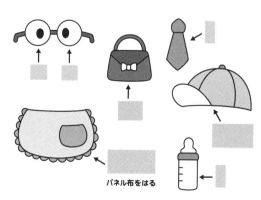

パネル布をはる

1.

各「指」を「手のひら」に糸止めしたものをパネルにはる。
保育者は自分の手のひらを見せて、親指を指し、

この指は、何という指かわかるかな？

子どもの反応を受けて、

あたり〜！ これはお父さん指です。
じゃあ、この指はわかるかな？

人さし指、中指、薬指、小指を次々に指して、子どもに答えさせる。

2.

みんな、よく知ってるね！ じゃあ、みんなで「♪おはなしゆびさん」の歌を歌いましょう。

「親指」を動かしながら、

**このゆび　パパ　ふとっちょ　パパ
やあやあやあやあ　ワハハハハハハ
おはなしする**

3.

ふとっちょパパには、メガネとネクタイをつけてあげましょう。

「メガネ」と「ネクタイ」を「親指」にはる。

4.

「人さし指」を動かしながら、

このゆび　ママ　やさしい　ママ
まあまあまあまあ　ホホホホホホ
おはなしする

5.

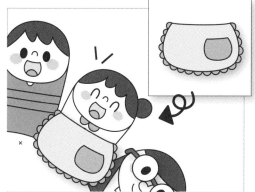

やさしいママには、エプロンをつけてあげましょう。

「エプロン」を「人さし指」にはる。

6.

「中指」を動かしながら、

このゆび　にいさん　おおきい　にいさん
おすおすおすおす　へへへへへへ
おはなしする

7.

大きいお兄さんには、帽子をかぶせてあげましょう。

「帽子」を「中指」にはる。

8.

「薬指」を動かしながら、

♪ このゆび　ねえさん　おしゃれな　ねえさん
あらあらあらあら　ウフフフフフ
おはなしする

9.

おしゃれなお姉さんには、バッグを持たせてあげましょう。

「バッグ」を「薬指」にはる。

10.

「小指」を動かしながら、

♪ このゆび　あかちゃん　よちよち　あかちゃん
うまうまうまうま　アブブブブブ
おはなしする

11.

赤ちゃんには、ミルクをあげましょう。

「ミルク」を「小指」にはる。小指を動かしながら、

ミルクをもらって、赤ちゃんはとっても嬉しそうですよ。
よかったね。

おはなしゆびさん

作詞：香山美子／作曲：湯山 昭

sings and enjoys
歌って楽しむパネルシアター⑤
かわいいかくれんぼ

> **POINT**
> 「♪かわいいかくれんぼ」の歌に合わせて、ひよこやすずめが、かくれんぼをします。さらに、歌詞には登場しない、へびやウサギ、ブタもかくれんぼをしていました。草や木、家などに隠していたそれぞれの絵人形を、少しずつ見せて、子どもたちには、どんな動物がかくれんぼをしていたのかをあてさせます。また、太陽には飛行機がかくれんぼをしていたという予想外の展開に、子どもたちはきっと大喜びするでしょう。

 用意するもの 型紙は P.90-91 【共通型紙素材ー草2、木2、太陽<型紙P.110-111>】

 しかけの準備

① 「へび1」「へび2」、「ヘビ3」をつなげるように、×をそれぞれ糸止めします。

② パネルにはった「草2」には「へび」を、「木2」には「ウサギ」を、「家」には「ブタ」を、「太陽」には「飛行機」を、あらかじめ隠しておきます。「へび」は折りたたんで隠しておきます。

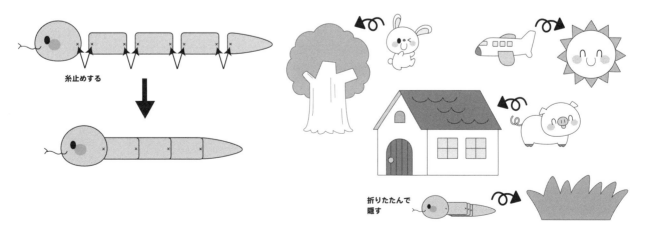

sings and enjoys
かわいいかくれんぼ

 あそびかた

1.

「ひよこ」を出して動かし、

今日は、動物たちがかくれんぼをするみたいですよ。
じゃあ、みんなで「♪かわいいかくれんぼ」の歌を歌ってみましょう。

「ひよこ」を動かし、

♪
ひよこがね　おにわで
ぴょこぴょこ　かくれんぼ

2.

足だけ見えるようにして、「草2」に「ひよこ」を隠してはる。

♪
どんなに　じょうずに　かくれても
きいろい　あんよが　みえてるよ
だんだん　だれが　めっかった

おやおや、ひよこさん、草に隠れたつもりだけど、足だけ見えていますね。

3.

じゃあ、今度は誰がかくれんぼするのかな？

「すずめ」を出して動かし、

♪
すずめがね　おやねで
ちょんちょん　かくれんぼ

- 29 -

4.

頭だけ見えるようにして、「家」に「すずめ」を隠してはる。

♪ どんなに　じょうずに　かくれても
　ちゃいろの　ぼうしが　みえてるよ
　だんだん　だれが　めっかった

おやおや、すずめさん、お屋根に隠れたつもりだけど、頭だけ見えていますね。

5.

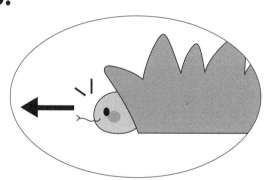

「草2」に隠してあった「へび」を少しだけ出す。

あらっ、こんなところにも、誰か隠れていましたよ。
誰でしょう？

少しずつ「へび」を出していく。

体が長い動物みたいですね。

6.

子どもたちの反応を受けて、「へび」を出して動かし、

そうです！　隠れていたのは、へびさんでしたね。
へびさんが、ニョロニョロ出て来ましたよ。

ここがポイント！

「へび」の一部を持ってゆらすと、糸止めした部分が動いてニョロニョロと動きます。

7.

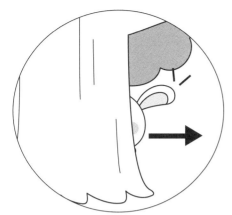

「木2」に隠してあった「ウサギ」を少しだけ出す。

おやっ、木の後ろにも、誰か隠れていましたよ。
誰でしょう？

少しずつ「ウサギ」を出していく。

お耳が長い動物みたいですね。

8.

子どもたちの反応を受けて、「ウサギ」を出して動かし、

あたり〜！　隠れていたのは、ウサギさんでしたね。
ウサギさんが、ピョンピョン出て来ましたよ。

9.

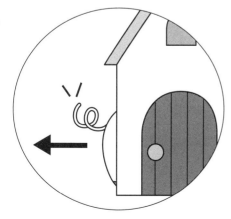

「家」に隠してあった「ブタ」を少しだけ出す。

あらあらっ、家の後ろにも、誰か隠れているみたいですよ。
誰でしょう？

少しずつ「ブタ」を出していく。

しっぽがクルンとしていますね。

10.

ブタさんだぁ！

子どもたちの反応を受けて、「ブタ」を出して動かし、

そうです！　隠れていたのは、ブタさんでしたね。
ブタさんが、ブヒブヒ言いながら出て来ましたよ。

ブヒ、ブヒ！

11.

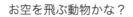

「太陽」に隠してあった「飛行機」を少しだけ出す。

おやおや、太陽の後ろにも、誰か隠れていましたよ。
誰でしょう？

少しずつ「飛行機」を出していく。

動物じゃないようない

お空を飛ぶ動物かな？

12.

子どもたちの反応を受けて、「飛行機」を出して動かし、

あたり〜！　隠れていたのは、動物で
はなくて、飛行機でしたね。飛行機が、
ブーンと出て来ましたよ。
飛行機も太陽に隠れて、かくれんぼを
していたみたいですね。おしまい。

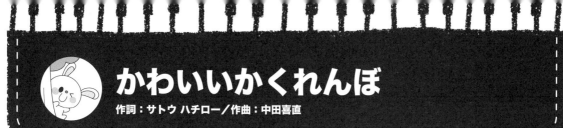

かわいいかくれんぼ

作詞：サトウ ハチロー／作曲：中田喜直

masterpiece is enjoyed
名作を楽しむパネルシアター①
オオカミと7ひきの子ヤギ

POINT
グリム童話の「オオカミと7ひきの子ヤギ」のお話をパネルシアターで演じます。オオカミに食べられた子ヤギたちを救おうと、お母さんヤギがオオカミのお腹を切ると、お腹の中から子ヤギたちが出てくるしかけになっています。それぞれのセリフは声色や話すテンポを変え、子ヤギは元気よく、またお母さんヤギは高めの声でゆったりと話し、オオカミは、低めの悪びれた声で話すなど、変化をつけるとおもしろいでしょう。

用意するもの　型紙は P.91-93　【共通型紙素材－草1（2枚）、木2＜型紙P.110-111＞】

- お母さんヤギ〈表〉
- 子ヤギ〈表〉（7枚）
- 子ヤギ〈裏〉（7枚）
- キャンディ
- ハサミ
- 針
- 子ヤギの家
- お母さんヤギ〈裏〉
- オオカミ1
- オオカミ2
- オオカミの顔
- オオカミのお腹のポケット
- 白い手
- 縫い目
- 石
- 柱時計

しかけの準備

① 「子ヤギの家」の切り線を切り、「柱時計」と「オオカミ2」の切り込み線に切り込みを入れます。

② 「オオカミのお腹のポケット」の下記のグレー部分に木工用ボンドをぬり、「オオカミ2」とはり合わせます。

はり合わせる

③ 「白い手」と「オオカミの顔」に、それぞれの大きさより小さく切ったパネル布をはり、「縫い目」は、同じ形に切ったパネル布をはって、裏打ちします。

パネル布をはる

④ あらかじめ「木2」の後ろに「オオカミ1」を重ねてはっておきます。

重ねる

masterpiece is enjoyed
オオカミと7ひきの子ヤギ

1.

> パネルに「子ヤギの家」「柱時計」「木2」をはっておく。
> 「子ヤギ」（表）と「お母さんヤギ」（表）を出してはり、

あるところに、お母さんヤギと7匹の子ヤギが幸せに暮らしていました。

🐐「お母さんは、買いものに出かけますよ。もしオオカミが来ても、絶対におうちに入れてはダメですよ。」

🐐「はーい！絶対におうちに入れないよ。だから、心配しないでね。」

2.

お母さんヤギは、そう言うと、出かけていきました。

> 「お母さんヤギ」（表）を裏がえし、ドアを開けて出かけるように動かし、下げる。

🐐「お母さんがいなくても、ちゃんとお留守番できるもんね。」

> 「子ヤギ」（表）をひとつずつ動かしながら、歌う。

> ♪ ぼくたちは ななひきの こヤギの きょうだい
> 　いつでも なかよし こヤギの きょうだい
> 　おかあさんが でかけても みんなで いれば へいきさ
> 　オオカミが やってきても みんなで いれば へっちゃら
> 　ぼくたちは ななひきの こヤギの きょうだい

3.

すると、恐ろしいオオカミが、その様子を木の陰から見ていました。

> 「木2」から「オオカミ1」を出し、動かしながら、

🐺「うまそうな子ヤギだな。これは、ごちそうにありつけるぞ。」

> 「オオカミ1」をドアに近づけて動かし、

🐺「トントン、お母さんですよ。ドアをあけてちょうだい。」

> 「子ヤギ」（表）を動かしながら、

🐐「あっ、お母さんだ！」
「違うよ。お母さんはもっときれいな声だよ。おまえはオオカミだな。だまされないぞ！」

4.

「ちぇっ、ばれたか。しかたない。出直そう。」

汚い声でばれてしまったオオカミ。きれいな声になるというキャンディをなめて、出直すことにしました。

「キャンディ」を出して、オオカミがなめているように動かし、保育者が手で隠しながら、「キャンディ」を下げる。
「オオカミ1」をドアに近づけて動かし声色を変えて、

「トントン、お母さんですよ。ドアをあけてちょうだい。」

「子ヤギ」(表)を動かしながら、

「あっ、お母さんだ！」
「今度はきれいな声だけど、でも、またオオカミかもしれないよ。じゃあ、手を見せて。」

5.

子ヤギがドアを少しだけあけると、その隙間から、オオカミが手を見せました。

「オオカミ1」の手をドアから少し出す。「子ヤギ」(表)を動かしながら、

「お母さんの手は、そんなに黒くないよ。おまえはオオカミだな。だまされないぞ！」

「ちぇっ、またばれたか。しかたない。出直そう。」

黒い手で、またばれてしまったオオカミ。
今度は、手に小麦粉をはたいて、出直すことにしました。

「白い手」を「オオカミ1」の手にはる。

6.

「オオカミ1」をドアに近づけて動かし、

「トントン、お母さんですよ。ドアをあけてちょうだい。」

「あっ、お母さんだ。」
「またオオカミかもしれないから、手を見せて。」

「子ヤギ」(表)をドアのところで動かし、「オオカミ1」の手をドアから少し出す。子ヤギ(表)を動かしながら、

「今度は、手が白いから、本当にお母さんだ！お帰りなさい！」

masterpiece is enjoyed
オオカミと7ひきの子ヤギ

7.

そして、ついに子ヤギは、ドアをあけてしまいました。

「子ヤギ」(表)をドアのところでドアを開けるように動かし、「オオカミ1」をドアから部屋に入れる。

 「ただいまー！　お母さんですよ。今度こそ、おまえたちを食べてやる！」

「子ヤギ」(表)を全部裏がえし、動かしながら、

 「キャー、オオカミだ！」

オオカミは、次々と子ヤギたちをつかまえて、一飲みにしていきました。

「オオカミ1」が子ヤギ6枚を飲み込むように動かし、「子ヤギ」(裏)を次々に「オオカミ1」の裏に隠す。

8.

一匹の子ヤギだけは、柱時計の中に隠れました。

「子ヤギ」(裏)を「柱時計」のしかけの中に隠す。オオカミを動かし、

 「ああ、うまかった。お腹がいっぱいになったから、昼寝でもするか。」

オオカミは、そう言うと、どこかに行ってしまいました。

「オオカミ1」をドアから外に動かし、「子ヤギ」6枚と下げる。

9.

そこへ、お母さんヤギが帰って来ました。

「お母さんヤギ」(表)を出し、動かしながらドアから部屋に入れる。

 「ただいまー。あらっ、みんなどこに行っちゃったのかしら？」

「柱時計」から、子ヤギ(裏)を出して動かし、

 「お母さーん、えーん、オオカミが来て、みんな食べられちゃったよ！」

 「えっ、何ですって！？　それは大変！早くオオカミを探しに行きましょう！」

お母さんヤギたちはオオカミを探しに、外に行きました。

「お母さんヤギ」(裏)と「子ヤギ」(表)をドアから出て行くように、急ぐ感じで動かしながら、下げる。

10.

「子ヤギの家」「柱時計」を下げ、「オオカミ2」、「草1」（2枚）、「石」をはり、「木2」を移動する。「オオカミ2」には、しかけに「子ヤギ」（裏）を6つ入れておく。

お母さんヤギたちは、オオカミを探しまわりました。すると、草むらでオオカミが昼寝をしていました。

「お母さんヤギ」（表）と「子ヤギ」（表）を出して動かし、

「あっ、オオカミがいたよ！」

「まあ、あんなところで昼寝をしていたのね。早く子どもたちを助け出さなきゃ！おうちに帰って、ハサミと針を持ってきて！」 「はーい！」

11.

「子ヤギ」（表）を一度下げる。「ハサミ」「針」とともに再び「子ヤギ」（裏）を出してはる。

子ヤギは、家に帰って、お母さんに言われたように、ハサミと針を持ってきました。

「お母さん、持ってきたよ。」

「ありがとう。じゃあ、お腹を切ってみましょう。」

「お母さんヤギ」を裏がえし、「ハサミ」を使って「オオカミ2」のお腹を切るように動かす。

お母さんは、ハサミでオオカミのお腹を切りました。すると・・・。

12.

オオカミのお腹の中から、子ヤギたちが次々と飛び出していきました。ポーン、ポーン・・・。

「オオカミ2」のお腹に隠していた「子ヤギ」（裏）を飛び出すように、次々と出していく。

「お母さーん、怖かったよう。」
「えーん・・・。」

「みんな無事だったのね。もう大丈夫よ。じゃあ、オオカミのお腹には、石でも詰めておきましょう。」

13.

お母さんヤギは、そう言うと、近くにあった石をオオカミのお腹の中に詰めました。

「お母さんヤギ」を表にして石に近づけ、再び裏にして、石を持つように動かして、オオカミのお腹のしかけに石を入れる。

「石を詰めたら、お腹を縫っておきましょう。」

「針」を動かしてオオカミのお腹を縫う真似をし、お腹の部分に「縫い目」を出してはる。

「これでいいわ。」

14.

しばらくすると、オオカミが目を覚ましました。

「オオカミ2」の顔部分に「オオカミの顔」をはり、起こして動かし、

「ああ、よく寝た。あれっ、何だかお腹がすごく重たいぞ。子ヤギを食べすぎたせいかな？ ああ、お腹が重たくて、うまく歩けない。何てこった・・・。」

オオカミはそう言うと、フラフラしながら、どこかに行ってしまいました。

「オオカミ2」をフラフラさせながら動かし、下げる。

15.

「子ヤギ」たちを表にし、動かして、

「お母さん、すごい！」
「やったね！」

ぼくたちは ななひきの こやぎの きょうだい
いつでも なかよし こやぎの きょうだい
おかあさんが でかけても みんなで いれば へいきさ
オオカミが やってきても みんなで いれば へっちゃら
ぼくたちは ななひきの こやぎの きょうだい

子ヤギたちは、お母さんヤギに助けられて、みんな無事でよかったね。めでたし、めでたし。

7ひきの子ヤギ

作詞／作曲：井上明美

masterpiece is enjoyed
名作を楽しむパネルシアター②

3つの願い

> **POINT**
> フランスの昔話「3つの願い」のお話です。
> しかけのソーセージは、糸止めしていくつかをつなぐことで、動きをもたせます。そして、ソーセージの山の後ろから引き出して、木こりの鼻にピタッとつくように動かすと、おもしろさを演出できるでしょう。しかけのソーセージは、タイミングよく動かして、お話を盛り上げましょう。

用意するもの　型紙は P.93-94

【共通型紙素材ー木1（2枚）、木2、草1（2枚）（型紙P.110-111）】

木こり＜表＞　木こり＜裏＞　奥さん　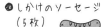しかけのソーセージ（5枚）　家の窓

ソーセージの山

ソーセージを食べている絵

木の妖精　木こりの帽子＜表＞　木こりの帽子＜裏＞　おの＜表＞　おの＜裏＞

しかけの準備

① 「しかけのソーセージ」を5枚用意し、×をそれぞれ糸止めしてつなぎます。

糸止めする

② ①を折りたたんで「ソーセージの山」の後ろに隠しておきます。

折りたたんで隠す

③ 「木こりの帽子」＜表＞の裏側の上の方に木工用ボンドをつけて、「木こりの帽子」＜裏＞と上の部分をはり合わせ、木こりの頭にはさむようにしてかぶせます。

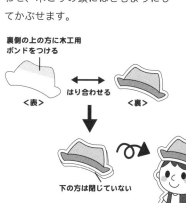
裏側の上の方に木工用ボンドをつける
＜表＞　はり合わせる　＜裏＞
下の方は閉じていない

④ 「木2」の後ろに「木の妖精」を隠しておきます。

1.

パネルに「木2」、「木1」(2枚)、「草1」(2枚)をはっておく。

昔、あるところに、木こりの夫婦が暮らしていました。
木こりは、今日も木を切りに出かけました。

「木こり」(表)の頭に「木こりの帽子」＜表＞をかぶせ、「おの」(表)を持たせるように出して動かし、「木2」に近づける。

 「おお、こんなところに大きな木があるぞ。
この木を切ったら、大きな家が作れるだろうなあ。
よし、この木を切るぞ。」

「木2」を切るように、「木こり」(表)と「おの」(表)を動かす。

2.

木こりが木を切ろうとしたそのときです。どこからか、か細い声が聞こえてきました。

 「お願い。木を切らないで・・・。」

 「おや、今の声は何だ？」

声の主を探すように、「木こり」(表)と「おの」(表)を動かす。

木こりは、あたりを探しましたが、誰もいません。

 「おかしいな。誰もいないな・・・。
まあ、いいか。じゃあ、木を切るぞ。」

「木2」を切るように、「木こり」(表)と「おの」(表)を動かす。

3.

すると、またその声が聞こえてきました。

 「お願い。木を切らないで・・・。」

「木2」の後ろに隠してあった「木の妖精」を出す。

 「この木は、私たちの大切な木なのです。木を切らなかったら、何でも3つの願いをかなえてあげます。だから、木を切らないでください。」

4.

「木こり」（表）を動かし、

 「何でも３つの願いをかなえてくれる？ それは、本当か？」

 「ええ、本当よ。約束するわ。」

 「よし、それなら、木を切らないよ。」

 「嬉しいわ。ありがとう！」

妖精は、そう言うと、消えてしまいました。

「おの」（表）を下に向け、「木の妖精」を下げる。

5.

妖精から３つの願いをかなえてくれると聞いて、木こりは大喜びです。「大きな木」を切るのをやめて、家に帰ることにしました。

「木こり」（表）、「おの」（表）を裏がえして動かし、

 「３つの願いか…。どんな願いごとがいいかな。ザックザクの金貨もいいし、大きな家に、ピッカピカの家具もいいな。これで、バラ色の人生だな。ワッハッハ・・・。」

木こりは、ニヤニヤしながら、ご機嫌で帰って行きました。

6.

「木２」「木１」「草１」を下げ、「家の窓」と「奥さん」をはる。

家では、木こりの奥さんが待っていました。

「木こりの帽子」を外して、「木こり」（表）を出して動かし、

 「ただいまー！」

「奥さん」を動かし、

 「お帰りなさい。お腹空いたでしょう。すぐにご飯の支度をするから、待っていてね。」

7.

奥さんにそう言われて、木こりは急にお腹が空いてきました。

> 「木こり」（表）を動かし、

「ああ、本当にお腹が空いた。
ソーセージでも食べたいなあ。」

木こりがそうつぶやいた途端、目の前に、ソーセージがどっさり現れました。

> 「ソーセージの山」を出してはる。後ろには「しかけのソーセージ」を隠しておく。

8.

> 驚いたように、「木こり」（表）と「奥さん」を動かし、

「うわあ！」   「何これ！？」

木こりも奥さんも、びっくりです。

「あーあ、３つのうち、１つ目の願いごとを
言ってしまった。」

木こりは、その日あったできごとを、奥さんに話しました。

9.

> 「奥さん」を動かしながら、

すると、奥さんは怒ったように言いました。

「何でも願いを聞いてもらえるっていうのに、こんなつまらないお願いごとをしちゃって、あなたは、何て間抜けなの？ ソーセージなんて、あなたの鼻にくっついちゃえばいいのよ！」

奥さんがそう言った途端に、ソーセージが木こりの鼻にくっいてしまいました。

> 「しかけのソーセージ」を「ソーセージの山」から出して引っ張り、「木こり」（表）の鼻につける。

masterpiece is enjoyed
3つの願い

10.

「しまったわ！ 2つ目の願いごとになっちゃった。」

「木こり」（表）を動かし、

「おい、本当にソーセージが鼻にくっついちゃったぞ。何とかしてくれよ！」

ソーセージを鼻から離すように、「奥さん」を動かし、

「引っ張ってみるわ。えいっ！」

奥さんは、ソーセージを引っ張りましたが、何度引っ張っても、とれません。

11.

「ああ、何度やってもダメみたい・・・。」 「そりゃ、困るよ。」

「じゃあ、最後のお願いをするしかなさそうね。ソーセージよ、鼻から離れてちょうだい！」

奥さんがそう言うと、ソーセージは木こりの鼻から離れました。

「しかけのソーセージ」を「木こり」（表）から離す。

「ああ、助かった！」

12.

「つまらないお願いばかりしちゃったけど、まあ仕方ないわね。」

「そうだな。じゃあ、せめて今夜は、このソーセージをお腹いっぱい食べよう！」

「木こり」（表）と「奥さん」を下げ、「ソーセージを食べている絵」をはる。

```
みっつの ねがいの ひとつめは ソーセージが たべたいな
みっつの ねがいの ふたつめは ソーセージが はなにつけ
みっつの ねがいの みっつめは ソーセージが はなれてよ
それでも おいしい ソーセージたべて しあわせさ
それでも ふたりは おなかいっぱいで しあわせさ
```

そうして、木こりが考えていたような3つの願いごとはかなわなかったけれど、ふたりはお腹いっぱいソーセージを食べることができて、幸せでした。おしまい。

3つの願い

作詞/作曲:井上明美

masterpiece is enjoyed
名作を楽しむパネルシアター③
ヤギとコオロギ

POINT

イタリアの昔話「ヤギとコオロギ」のお話です。おばあさんの畑のぶどうを勝手に食べるヤギ。ロバにも犬にも、ヤギを追い出せなかったのに、コオロギが、ある方法でついに追い出します。ヤギは顔と胴体を糸止めにして、ぶどうを食べる動きや、激しく動く様子を表現します。また、ヤギの耳にしかけのポケットをつけて、コオロギを入れられるようにします。

用意するもの　型紙は P.95-97

〈おばあさん〈表〉／おばあさん〈裏〉〉　〈コオロギ〈表〉／コオロギ〈裏〉〉　【ヤギ】顔1／顔2／胴体／耳のポケット

ロバ〈表〉
ロバ〈裏〉
イヌ〈表〉
イヌ〈裏〉
ぶどう畑

しかけの準備

① 「ヤギの顔1」の切り込み線に切り込みを入れます。

② 「ヤギの耳のポケット」の下記のグレー部分に木工用ボンドをぬり、①の「ヤギの顔1」の耳の部分にはり合わせます。

はり合わせる

③ 「ヤギの胴体」が後ろにくるようにして、「ヤギの顔1」の×を糸止めします。

糸止めする

④ 「ヤギの顔2」より小さく切ったパネル布をはり、裏打ちします。

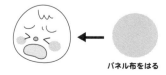パネル布をはる

1.

パネルに「ぶどう畑」と「おばあさん」(表)をはる。

昔、あるところに、立派なぶどう畑を持つおばあさんがいました。おばあさんは、ぶどうを作って、それを売って暮らしていました。
そこへ、ヤギがやって来て、ぶどうを食べ始めました。

「ヤギ」(顔1)を出し、ぶどう畑のぶどうを食べているように動かし、

「なんておいしいぶどうなんだ。ムシャムシャ・・・。」

「おばあさん」(表)を動かし、 「こらっ! それは私のぶどうだよ。食べちゃダメだよ。とっととお行き!」

2.

おばあさんはヤギを追い払おうとしましたが、ヤギはおばあさんを無視して、ぶどうを食べ続けました。おばあさんが困っていると、そこへ、ロバがやって来ました。

「ロバ」(表)を出して動かし、 「おばあさん、どうかしたんですか?」

おばあさんは、ロバに困っているわけを話しました。
すると、ロバが言いました。

「それなら、ぼくがヤギを追い出してあげますよ。」

「ロバ」(表)をヤギ(顔1)の前で動かし、

「こらっ、どろぼうヤギめ! とっとと出て行け!」

3.

すると、ヤギは恐ろしい声で言いました。

「ヤギ」(顔1)を動かしながら、

「なんだ、おまえ? ぶどうを食べるのをじゃましたら、おれのこのとがった角で、串刺しにしてやるぞ!」
「ひえ〜、助けて〜!」

ロバは、ヤギのとがった角を見ると、怖くなって逃げて行ってしまいました。

「ロバ」(表)を裏がえし、慌てるように動かして下げる。

4.

おばあさんは、またまた困ってしまいました。
そこへ、今度はイヌがやって来ました。

「イヌ」（表）を出して動かし、 「おばあさん、どうかしたんですか？」

おばあさんは、イヌに困っているわけを話しました。
すると、イヌが言いました。

「それなら、ぼくがほえて、ヤギを追い出してあげますよ。」

「イヌ」（表）をヤギ（顔1）の前で動かし、

「ワンワン、どろぼうヤギめ！ とっとと出て行け！」

5.

すると、ヤギは恐ろしい声で言いました。

「ヤギ」（顔1）を動かしながら、

「なんだ、おまえ？ ぶどうを食べるのをじゃましたら、おれのこのとがった角で、串刺しにしてやるぞ！」

「ひえ～、怖いよう！ キャンキャン！」

イヌは、ヤギのとがった角を見ると、怖くなって逃げて行ってしまいました。

「イヌ」（表）を裏がえし、慌てるように動かして下げる。

6.

おばあさんは、またまた困ってしまいました。
そこへ、今度はコオロギがやって来ました。

「コオロギ」（表）を出して動かし、 「おばあさん、どうかしたんですか？」

おばあさんは、コオロギに困っているわけを話しました。
すると、コオロギが言いました。

「それなら、ぼくがヤギを追い出してあげますよ。」

「ロバにもイヌにも、追い出せなかったんだよ。おまえのように小さな虫には、無理だよ。」

「まあ、ぼくにまかせて。」

7.

コオロギはそう言うと、飛び跳ねて、「ピョ〜ン」と、ヤギの耳の中に飛び込みました。

「コオロギ」(表)を裏がえし、「ヤギ」(顔1)の「耳のポケット」に入れる。

「こらっ、どろぼうヤギめ！ とっとと出て行け！」

すると、ヤギは恐ろしい声で言いました。

「ヤギ」(顔1)を動かしながら、

「誰だ、おまえは？ どこにいるんだ？
おれのこのとがった角で、串刺しにしてやるぞ！」

8.

「ぼくは、コオロギさ。ここから出ていかなかったら、
大声で騒いでやる〜！ ギャ〜、ギャギャギャ〜！」

コオロギがわめき立てると、ヤギはたまらず、飛びまわりました。

「ヤギ」(顔1)に(顔2)をはって、激しく動かしながら、

「何をするんだ！ やめてくれ〜！
もう、ぶどうを食べないから、助けてくれ〜！」

そして、ヤギはどこかに逃げて行ってしまいました。

「ヤギ」(顔2)の耳のポケットから「コオロギ」(裏)を出し、「ヤギ」(顔2)を下げる。

9.

「おばあさん」(裏)を「コオロギ」(裏)に近づけて動かし、

「まあ、コオロギさん、ヤギを追い出してくれて、
ありがとうね！」

> どろぼうヤギを　おいだしたのは
> ちいさな　ちいさな　コオロギさん
> おばあさんの　ぶどうばたけを
> まもってあげた　コオロギさん
> おおきな　ゆうきの　コオロギさん

おばあさんは、嬉しそうにそう言いました。そして、おばあさんとコオロギは、仲よしの友だちになりましたとさ。

masterpiece is enjoyed
名作を楽しむパネルシアター④
金のおのと銀のおの

POINT
イソップ物語の「金のおのと銀のおの」のお話をパネルシアターで演じます。池にはポケットのしかけをつけ、池の中から神様が現れたり消えていく様子を表現します。また、金のおのや銀のおのも、池のしかけに入れておきます。神様のセリフは、やや低めの声でゆったりと言うといいでしょう。

用意するもの　型紙は P.97-98　【共通型紙素材ー木1、草1（型紙P.110）】

- ㋐木こり〈表〉
- ㋑木こり〈裏〉
- ㋒神様
- ㋓池
- ㋔欲ばりな木こり
- ㋕欲ばりな木こりの顔
- ㋖鉄のおの
- ㋗銀のおの
- ㋘金のおの（2枚）
- ㋙池のポケット

しかけの準備

① 「池」の切り込み線に切り込みを入れます。

② 「池のポケット」の下記のグレー部分に木工用ボンドをぬり、①の「池」とはり合わせます。
ポケットの部分には、あらかじめ「神様」「金のおの」（2枚）「銀のおの」を入れておきます。

③ 「欲ばりな木こりの顔」「金のおの」「銀のおの」「鉄のおの」に小さく切ったパネル布をはり、裏打ちします。

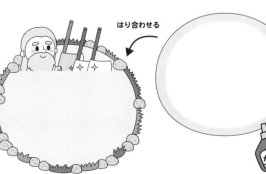
はり合わせる

パネル布をはる

- 52 -

masterpiece is enjoyed
金のおのと銀のおの

1.

「池」「木1」「草1」をはっておく。
「木こり」（表）が「鉄のおの」を持っているように重ねて出す。

昔、あるところに、とても正直な木こりがいました。木こりは働き者で、毎日、朝から晩まで一生懸命、木を切っていました。

「木こり」（表）を動かす。

「今日も、たくさん木を切るぞ。えいっ、えいっ。」

2.

ところが、木こりは手をすべらせて、おのを池の中に、ポチャーンと落としてしまいました。

「池」に落ちたように、「鉄のおの」を「池のポケット」に隠す。
「木こり」（表）を動かし、

「しまった！ おのを池に落としちゃった。おのは1本しか持っていないんだ。あのおのがなかったら、木が切れなくなってしまう。どうしよう・・・。」

木こりは、池をのぞきましたが、おのは池の底深く沈んでしまい、とても見つかりそうにありません。

3.

木こりががっくりしていると、池の中から神様が現れました。

「池のポケット」から、「神様」を出す。

「木こりよ、おまえはなぜ、そのように嘆いておるのか？」　「かっ、神様！ 実は、手をすべらせて、大切なおのを池の中に落としてしまったのです。」

「そうか。それは気の毒に。ならば、少し待っておれ。」

神様は、そう言うと、池の中にもぐって、おのを探しました。

「神様」を「池のポケット」に隠す。

名作を楽しむパネルシアター

4.

「池のポケット」から、「神様」と「金のおの」を出し、

しばらくすると、神様が池から出て来ました。
手には、金のおのを持っています。

 「この金のおのが、おまえのおのか？」　「木こり」（表）を動かし、

 「いいえ、私のおのは、そんなに立派なおのじゃありません。」

「そうか、じゃあ、また待っておれ。」

神様はそう言うと、また池の中にもぐって行きました。

「神様」と「金のおの」を「池のポケット」に隠す。

5.

「池のポケット」から、「神様」と「銀のおの」を出し、

しばらくすると、神様がまた池から出て来ました。
手には、銀のおのを持っています。

 「この銀のおのが、おまえのおのか？」　「木こり」（表）を動かし、

 「いいえ、私のおのは、そんなに立派なおのじゃありません。」

 「そうか、じゃあ、また待っておれ。」

神様はそう言うと、また池の中にもぐって行きました。

「神様」と「銀のおの」を「池のポケット」に隠す。

6.

「池のポケット」から、「神様」と「鉄のおの」を出し、

しばらくすると、神様がまた池から出て来ました。
手には、鉄のおのを持っています。

 「この鉄のおのが、おまえのおのか？」　「木こり」（表）を動かし、

 「はい、そうです！ それが私のおのです。」

木こりは、嬉しそうにそう答えました。

7.

「池」のポケットから、「金のおの」と「銀のおの」を出して、「鉄のおの」と一緒に「神様」が持つようにし、

すると、神様はにっこりして言いました。

「おまえは正直者だ。おのは３本とも、持っていくがよい。」

そして、神様は鉄のおのと一緒に、金のおのと銀のおのも、木こりに渡しました。木こりは、喜んで受け取りました。

「神様」が3本のおのを「木こり」（表）に渡すように、おのを「木こり」（表）に近づけてはる。

「神様、ありがとうございました！」

すると、神様は池の中に消えて行きました。

「神様」を「池のポケット」に隠す。

8.

♪
きこりは　しょうじきものだから
かみさまが　くれたよ　すてきな　おの
きんきん　きらきら　ひかる　おの
ぎんぎん　ぎらぎら　ひかる　おの
すてきな　すてきな　おくりもの
きんの　おのと　ぎんの　おの

そして、木こりは3本のおのを手に持って、嬉しそうに帰って行きました。

「木こり」（表）を裏がえし、3本のおのを持つように動かして、下げる。

9.

すると、そのうわさを聞きつけた、ひとりの欲ばりな木こりが、やって来ました。自分も、神様から金のおのと銀のおのをもらおうと考えたのです。

「欲ばりな木こり」が「鉄のおの」を持っているように重ねて動かす。

「神様が現れるというのは、この池だな。ようし。えいっ！」

欲ばりな木こりは、持っていた鉄のおのをわざとポチャーンと池の中に落としました。

「鉄のおの」を「池のポケット」に隠す。

そして、わざと泣く真似をしました。

「どうしよう、エーン、エーン・・・。」

10.

すると、池の中から、神様が現れました。

「池のポケット」から、「神様」を出す。

「木こりよ、おまえはなぜ、そのように嘆いておるのか？」

「これは、神様。実は、手をすべらせて、大切なおのを池の中に落としてしまったのです。」

「そうか。それは気の毒に。ならば、少し待っておれ。」

神様は、そう言うと、池の中にもぐって、おのを探しました。

「神様」を「池のポケット」に隠す。

11.

「池のポケット」から、「神様」と「金のおの」を出し、

しばらくすると、神様が池から出て来ました。
手には、金のおのを持っています。

「この金のおのが、おまえのおのか？」

「欲ばりな木こり」（表）を動かし、

「はい、そうです！それが、私のおのです。」

12.

すると、神様は怒って言いました。

「うそをつけ！おまえのようなずうずうしいやつには、このおのはやれん！」

神様はそう言うと、池の中に姿を消してしまいました。

「神様」を「池のポケット」に隠す。
「欲ばりな木こり」に「欲ばりな木こりの顔」をはって動かし、

「そっ、そんな・・・。」

欲ばりな木こりは、金のおのや銀のおのを手に入れるどころか、自分のおのも失ってしまいました。欲をかいた、自分が悪いんですね。おしまい。

金のおのと銀のおの

作詞／作曲：井上明美

Life is enjoyed

生活を楽しむパネルシアター①

お誕生日おめでとう

POINT

「お誕生日のお祝いにチーズをプレゼント。さてあなたはだあれ？」 それはネズミでした。歌に合わせて、次々とプレゼントの絵人形をはり、次に、それが好きな動物の絵人形をはっていきます。最後はケーキのプレゼント。ケーキに立てたローソクの炎は、糸止めのしかけで動かして、消えるようにします。お誕生会などにお勧めのパネルシアターです。

用意するもの　型紙は P.98-100

- ネズミ
- チーズ
- ウサギ
- にんじん
- パンダ
- 笹の葉
- 炎（3枚）
- ローソク（3枚）
- マッチ
- ケーキ
- アオムシ（2枚）
- キャベツ
- キャベツのポケット
- ちょうちょう
- 花

しかけの準備

① 「キャベツ」の切り込み線に切り込みを入れます。

② 「キャベツのポケット」の下記のグレー部分に、木工用ボンドをぬり、①の「キャベツ」とはり合わせます。
ポケットの部分にはあらかじめ「アオムシ」を2枚入れておきます。

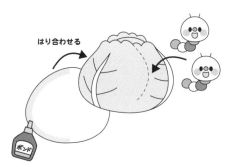

はり合わせる

③ 「炎」を3枚用意し、×部分に糸をとおして裏で糸止めします。
糸の先には小さく切ったPペーパーをつけておきます。

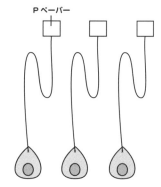

Pペーパー

Life is enjoyed お誕生日おめでとう

あそびかた

1.

今日は誰かさんのお誕生日みたいですよ。
誰のお誕生日なのかな？　じゃあ、「♪**お誕生日おめでとう**」の歌を歌ってみましょう。

保育者は、手拍子をしながら歌う。

♪ おたんじょうび　おめでとう
　おいわいに　あげましょう

「チーズ」を出してはる。

♪ ほらほら　おいしい　チーズです
　さて　いったい　あなたは　だあれ

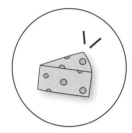

2.

チーズが好きなのは、誰かな？

ネズミっ！

子どもの反応を受け、「ネズミ」を出して、「チーズ」の近くにはる。

そうです、ネズミさんでした。ネズミさんは、チーズが大好きなんですね。
今日は、ネズミさんのお誕生日でした。

3.

今度は誰のお誕生日かな？

♪ おたんじょうび　おめでとう
　おいわいに　あげましょう

「にんじん」を出してはる。

♪ ほらほら　おいしい　にんじんです
　さて　いったい　あなたは　だあれ

生活を楽しむパネルシアター

4.  にんじんが好きなのは、誰かな？

子どもの反応を受け、「ウサギ」を出して、「にんじん」の近くにはる。

あたり～！ ウサギさんでした。
ウサギさんは、にんじんが大好きなんですね。
今日は、ウサギさんもお誕生日でした。

5.  じゃあ、今度は誰のお誕生日かな？　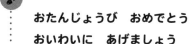

「笹の葉」を出してはる。

 ほらほら　おいしい　ささのはです
　　さて　いったい　あなたは　だあれ

6. 笹の葉が好きなのは、誰かな？

子どもの反応を受け、「パンダ」を出して、「笹の葉」の近くにはる。

 正解はパンダさんでした！
パンダさんは、笹の葉が大好きなんですね。
今日は、パンダさんもお誕生日でした。

お誕生日おめでとう Life is enjoyed

7.  じゃあ、今度は誰のお誕生日かな？

> おたんじょうび　おめでとう
> おいわいに　あげましょう

「キャベツ」を出してはる。「キャベツのポケット」には、あらかじめ「アオムシ」（2枚）を入れておく。

> ほらほら　おいしい　キャベツです
> さて　いったい　あなたは　だあれ

8. キャベツが好きなのは、誰かな？

キャベツ？
だれかな〜〜

子どもの反応を受けて、「キャベツのポケット」から「アオムシ」（2枚）を出して、「キャベツ」の近くにはる。

 正解はアオムシさんでした。
アオムシさんは、キャベツが大好きなんですね。
今日は、アオムシさんもお誕生日でした。

生活を楽しむパネルシアター

9. 今度は誰のお誕生日かな？

> おたんじょうび　おめでとう
> おいわいに　あげましょう

「お花」を出してはる。

きれいっ！！

> ほらほら　きれいな　おはなです
> さて　いったい　あなたは　だあれ

10.  お花が好きなのは、誰かな？

ちょうちょう！

> 子どもの反応を受け、「ちょうちょう」を出して、「お花」の近くにはる。

あたり～！　ちょうちょうさんでした。
ちょうちょうさんは、お花の蜜が大好きなんですね。
今日は、ちょうちょうさんもお誕生日でした。

11. じゃあ、今度は誰のお誕生日かな？　

> おたんじょうび　おめでとう
> おいわいに　あげましょう

「ケーキ」を出してはる。

> ♪ ほらほら　おいしい　ケーキです
> さて　いったい　あなたは　だあれ？

12.  ケーキが好きなのは誰かな？
そうだね、みんなケーキが大好きだよね。
じゃあ、今日はローソクを立てて、今月がお誕生日のお友だち
にお祝いしてあげましょう。

は～～い！

> 「ケーキ」に「ローソク」（3枚）を立てるようにはる。

今月のお誕生日は、○○ちゃんと、○○ちゃんですね。
（※誕生月の子どもの名前を呼びます）

13.

じゃあ、ローソクに火をつけましょう。

「マッチ」を出し、「ローソク」に近づけて、火をつける真似をする。

14.

「炎」(3枚)を出し、「ローソク」の上にはる。
「炎」につけたしかけの糸は、パネルの後ろにたらす。

さあ、ローソクに火がつきましたよ。
じゃあ、今月お誕生日の○○ちゃんと○○ちゃんは、先生が「せーの！」って言ったら、思いっきり強く息を吹いて、ローソクの火を消してくださいね。

15.

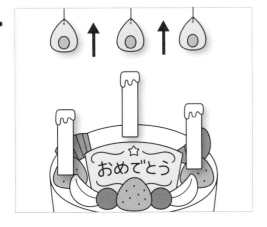

それじゃあ、いきますよ。せーの！

お誕生日の子どもが息を吹きかけたら、「炎」の糸をパネルの裏から引っ張り、炎を下げる。

お誕生日おめでとう〜！

みんなで拍手をする。

お誕生日おめでとう

作詞／作曲：不詳

Life is enjoyed

生活を楽しむパネルシアター②

せんたく大好き

POINT

洗濯が大好きなカバさんのところに、泥んこあそびでシャツを汚したキツネとリスとクマがやって来ます。汚れたシャツを洗濯機に入れて洗濯すると、あら不思議。みんなのシャツがきれいになって出てきました。洗濯機の絵人形にはポケットのしかけをつけ、あらかじめきれいなシャツの絵人形を入れておきます。シャツを乾かす場面では、大きさの違う大中小のシャツを並べて、その大きさの違いを楽しみましょう。

用意するもの　型紙はP.100-103　【共通型紙素材ー太陽（型紙P.111）】

 カバ
 キツネ
 キツネのシャツ1 / キツネのシャツ2
 洗濯機
 洗濯機のポケット

 リス
 リスのシャツ1 / リスのシャツ2
 クマ
 クマのシャツ1 / クマのシャツ2
 物干しざお
 洗剤 / 洗濯バサミ（6枚）
 洗濯かご
 洗濯かごのポケット

しかけの準備

① 「洗濯機」と「洗濯かご」の切り込み線に切り込みを入れます。

② 「洗濯機のポケット」と「洗濯かごのポケット」の下記のグレー部分に木工用ボンドをぬり、①の「洗濯機」「洗濯かご」と、それぞれはり合わせます。

③ リス、キツネ、クマのすべてのシャツに小さく切ったパネル布をはり、裏打ちします。

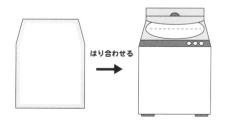
はり合わせる

はり合わせる

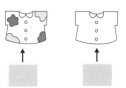

パネル布をはる

- 65 -

1.

パネルに「太陽」「物干しざお」「洗濯機」「カバ」をはっておく。また、「リスのシャツ2」「キツネのシャツ2」「クマのシャツ2」を「洗濯機のポケット」に入れておく。

ここに洗濯が大好きなカバさんがいました。
いつもいろんな動物たちが、カバさんに洗濯をしてもらっています。おやおや、今日も誰か来たみたいですね。

「リスのシャツ1」を着せた「リス」を出して動かし、

「あのね、どろんこ遊びをしてたら、シャツがどろだらけになっちゃったの。カバさん洗濯してくれる？」

洗濯をしてもらいに来たのは、リスさんでしたね。

2.

「カバ」を動かし、

「はいはい、お安いご用ですよ。じゃあ、リスさん、シャツを脱いでちょうだい。洗濯機に入れますよ。」

「リス」から「リスのシャツ1」を外し、「カバ」がシャツを持って「洗濯機」に入れるように動かし、「リスのシャツ1」を「洗濯機のポケット」に入れる。

3.

おやおや、また誰か来たみたいですね。

「キツネのシャツ1」を着せた「キツネ」を出して動かし、

「あのね、どろんこ遊びをしてたら、シャツがどろだらけになっちゃったの。カバさん洗濯してくれる？」

リスさんに続いて、洗濯をしてもらいに来たのは、キツネさんでしたね。

4.

「カバ」を動かし、

「はいはい、お安いご用ですよ。じゃあ、キツネさん、シャツを脱いでちょうだい。洗濯機に入れますよ。」

「キツネ」から「キツネのシャツ1」を外し、「カバ」がシャツを持って「洗濯機」に入れるように動かし、「キツネのシャツ1」を「洗濯機のポケット」に入れる。

5.

おやおや、また誰か来たみたいですね。

「クマのシャツ1」を着せた「クマ」を出して動かし、

「あのね、どろんこ遊びをしてたら、シャツがどろだらけになっちゃったの。カバさん洗濯してくれる？」

キツネさんに続いて、洗濯をしてもらいに来たのは、クマさんでしたね。

6.

「カバ」を動かし、

「はいはい、お安いご用ですよ。じゃあ、クマさん、シャツを脱いでちょうだい。洗濯機に入れますよ。」

「クマ」から「クマのシャツ1」を外し、「カバ」がシャツを持って「洗濯機」に入れるように動かし、「クマのシャツ1」を「洗濯機のポケット」に入れる。

7.

「洗剤」を出して、「カバ」が「洗剤」を「洗濯機」に入れるように動かし、

 「洗剤を入れて・・・。スイッチを押してっと・・・。」

「洗濯機」のスイッチを押すように、「カバ」を動かす。

 「あとは、待つだけですよ!」

8.

洗濯機が、勢いよくまわり始めましたね。
ブーン、ブルブルブル・・・。

「洗濯機」を持って、左右に傾けるように動かす。

ピー、ピー、ピー・・・。
洗濯が終わったみたいですね。

9.

 「洗濯が終わりましたよ。」

洗濯物を「洗濯機」から取り出すように「カバ」を動かし、「洗濯機のポケット」から「リスのシャツ2」「キツネのシャツ2」「クマのシャツ2」を取り出す。

 「ほうら、こんなにきれいになりましたよ。」

 「すごーい!」

Life is enjoyed
せんたく大好き

10.

「じゃあ、洗濯物を洗濯かごに入れて・・・。」

「洗濯かご」を出して、3枚のシャツを「洗濯カゴのポケット」にはさむように入れる。

よいしょ、よいしょ！

11.

「干しましょうね。」

3枚のシャツを入れた「洗濯かご」を「物干しざお」の近くにはる。

「物干しざおにつるして、洗濯バサミでとめて・・・。」

「リスのシャツ2」を「物干しざお」にはり、「洗濯バサミ」を出して、シャツの上にはる。

12.

「キツネのシャツ2」「クマのシャツ2」も同様にはっていく。

「全部、干せましたよ。あとは、太陽さんにたくさん照らしてもらって、乾かしましょうね。」

みんなのシャツが干せましたね。リスさんのシャツは小さくて、キツネさんのシャツは中くらいで、クマさんのシャツは大きいですね。

太陽さんお願～い！

生活を楽しむパネルシアター

13.

「さあ、乾きましたよ。リスさん、はい、どうぞ。」

「リスのシャツ2」を外すように「カバ」を動かし、シャツを「リス」にはる。「リス」を動かして、

「わあ、フワフワでいい匂い！カバさん、ありがとう！」

14.

「キツネさんも、はい、どうぞ。」

「キツネのシャツ2」を外すように「カバ」を動かし、シャツを「キツネ」にはる。「キツネ」を動かして、

「わあ、ほんとだ。フワフワでいい匂い！
　カバさん、ありがとう！」

15.

「クマさんも、はい、どうぞ。」

「クマのシャツ2」を外すように「カバ」を動かし、シャツを「クマ」にはる。「クマ」を動かして、

「わあ、ほんとだ、ほんとだ。
　フワフワでいい匂い！カバさん、ありがとう！」

みんな、シャツがきれいになって、おまけにフワフワでいい匂いがして、とっても喜んでいますね。よかったね。

Life is enjoyed
生活を楽しむパネルシアター③
野菜ができたよ！

POINT
動物たちが次々と、土の中にできた野菜を抜いて、ザルに収穫します。土のポケットには、にんじんやごぼう、じゃがいも、大根などをセットし、葉の部分だけ見えるようにしておきます。そして、抜くと野菜が現れます。じゃがいもや大根は、糸止めのしかけで動きをもたせています。動物たちが野菜を抜く場面では、動きをつけて、リズミカルに演じましょう。

 用意するもの  型紙は P.103-105　【共通型紙素材－太陽（型紙 P.111）】

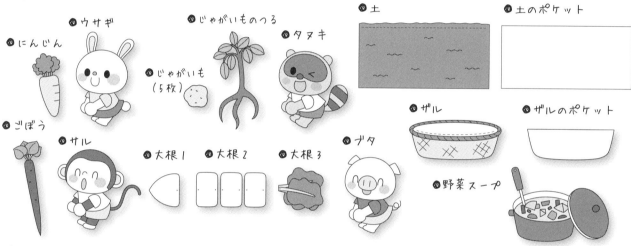

 しかけの準備

① 「土」と「ザル」の切り込み線に切り込みを入れます。

② 「土のポケット」と「ザルのポケット」の下記のグレー部分に、木工用ボンドをぬり、①の「土」「ザル」と、それぞれはり合わせます。

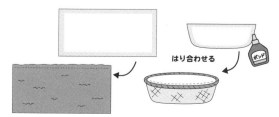

③ 「大根1」「大根2」「大根3」をつなげるように、×をそれぞれ糸止めします。また「じゃがいも」を5枚用意し、「じゃがいものつる」の×部分に糸止めします。

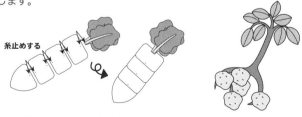

④ 「土のポケット」に「にんじん」「ごぼう」「じゃがいものつる」「大根」を入れ、葉の部分だけ見えるようにしておきます。

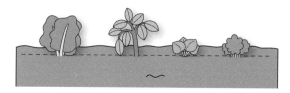

1.

> パネルに「土」と「ザル」をはっておく。
> また、上の方に「太陽」もはっておく。

畑の土に、いろいろな野菜ができましたよ。
今日は、動物たちが、野菜を収穫するそうです。

> 「ウサギ」を出す。

まずは、ウサギさんがやって来ました。ウサギさんは、どんな野菜を収穫するのでしょう。

> 「ウサギ」を「にんじん」の葉に近づけて、
> 「にんじん」を抜くように動かし、

よいしょ、こらしょ、どっこいしょ〜！

2.

> 「にんじん」を抜く。

野菜が出てきましたよ。これは、何ていう野菜かな？

にんじ〜ん！

> 子どもたちの反応を受けて、

そうですね。にんじんです。ウサギさんは、にんじんを収穫しましたよ。じゃあ、ザルに入れておきましょう。

> 「にんじん」を「ザルのポケット」に入れる。

3.

> 「サル」を出す。

次は、おサルさんがやって来ました。おサルさんは、どんな野菜を収穫するのでしょう。

> 「サル」を「ごぼう」の葉に近づけて、「ごぼう」を抜くように動かし、

よいしょ、こらしょ、どっこいしょ〜！

Life is enjoyed
野菜ができたよ！

4.

でも、野菜はなかなか抜けません。すると、

「私、手伝うわ。」

ウサギさんが、手伝ってくれることになりました。

> 「ウサギ」を「サル」の後ろにはる。

> 保育者が、野菜を引っ張る真似をして、

よいしょ、こらしょ、どっこいしょ〜！

5.

> 「ごぼう」を抜く。

おサルさんとウサギさんが力を合わせて抜いたら、野菜が出てきましたよ。これは、何ていう野菜かな？

> 子どもたちの反応を受けて、

これは、ごぼうです。おサルさんたちは、ごぼうを収穫しましたよ。
じゃあ、またザルに入れておきましょうね。

> 「ごぼう」を「ザルのポケット」に入れる。

6.

> 「タヌキ」を出す。

おやおや、今度はタヌキさんがやって来ました。タヌキさんは、どんな野菜を収穫するのでしょう。

> 「タヌキ」を「じゃがいも」の葉に近づけて、「じゃがいも」を抜くように動かし、

よいしょ、こらしょ、どっこいしょ〜！

生活を楽しむパネルシアター

7.

でも、野菜はなかなか抜けません。すると、

「ぼくも手伝うよ。」

おサルさんが、手伝ってくれることになりました。

「サル」を「タヌキ」の後ろにはる。

保育者が、野菜を引っ張る真似をして、

よいしょ、こらしょ、どっこいしょ～！

8.

でも、野菜はなかなか抜けません。すると、

「私も手伝うわ。」

ウサギさんも、手伝ってくれることになりました。

「ウサギ」を「サル」の後ろにはる。

保育者が、野菜を引っ張る真似をして、

よいしょ、こらしょ、どっこいしょ～！

がんばって!!

9.

「じゃがいも」を抜く。

タヌキさんとおサルさんとウサギさんが力を合わせ抜いたら、野菜が出てきましたよ。これは、何ていう野菜かな？

子どもたちの反応を受けて、

あたり～！じゃがいもです。じゃがいもがひとつのつるにたくさんついていますね。タヌキさんたちは、じゃがいもを収穫しましたよ。

じゃあ、またザルに入れておきましょうね。

「じゃがいも」を「ザルのポケット」に入れる。

10.

> 「ブタ」を出す。

あらら、今度はブタさんがやって来ました。ブタさんは、どんな野菜を収穫するのでしょう。

> 「ブタ」を「大根」の葉に近づけて、「大根」を抜くように動かし、

よいしょ、こらしょ、どっこいしょ〜！

11.

でも、野菜はなかなか抜けません。すると、

「ぼくも手伝うよ。」

タヌキさんが、手伝ってくれることになりました。

> 「タヌキ」を「ブタ」の後ろにはる。

> 保育者が、野菜を引っ張る真似をして、

よいしょ、こらしょ、どっこいしょ〜！

12.

でも、野菜はまだ抜けません。すると、

「ぼくも手伝うよ。」

おサルさんも、手伝ってくれることになりました。

> 「サル」を「タヌキ」の後ろにはる。

> 保育者が、野菜を引っ張る真似をして、

よいしょ、こらしょ、どっこいしょ〜！

13.

それでも、野菜はまだ抜けません。すると、

「私も手伝うわ。」

ウサギさんまで、手伝ってくれることになりました。

「ウサギ」を「サル」の後ろにはる。

保育者が、野菜を引っ張る真似をして、

よいしょ、こらしょ、どっこいしょ～！
よいしょ、こらしょ、どっこいしょ～！

14.

「大根」を抜く。

ブタさんとタヌキさんとおサルさんとウサギさんが力を合わせて抜いたら、やっと野菜が出てきましたよ。すごく大きな野菜ですね。これは、何ていう野菜かな？

子どもたちの反応を受けて、

そうです。大根です。ブタさんたちは、大根を収穫しましたよ。じゃあ、またザルに入れておきましょうね。

「大根」を「ザルのポケット」に入れる。

15.

いろいろな野菜がたくさん収穫できました。
みんなは、採れた野菜で、具だくさんのおいしい野菜スープを作ったそうですよ。

「ザルのポケット」から野菜を取り出し、「野菜スープ」を出してはる。「野菜スープ」のまわりに動物たちをはる。

とってもおいしそうですね。
よかったね！

Life is enjoyed
生活を楽しむパネルシアター④
○△□で 何つくろう？

POINT
○△□の形を使って、いろいろなものを作ります。「○と△で何ができるかな？」と、それぞれの絵人形を出し、子どもたちに考えさせます。○を裏がえしてひよこの顔にして足や口をつけて、ひよこの完成です。簡単な組み合わせから、徐々に複雑な組み合わせになっていきます。アイスクリームの○2つは、おいしそうに見えるように、カラフルな色をつけましょう。歌に合わせて、リズミカルに絵人形をはり、楽しさを盛り上げましょう。

用意するもの 型紙は P.106-109

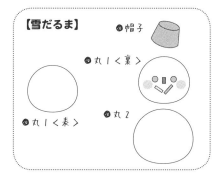
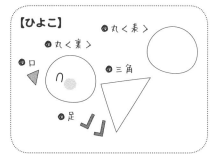
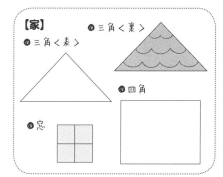
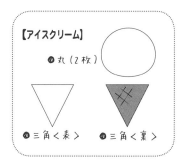
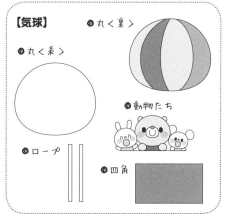
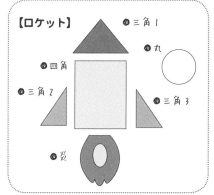

しかけの準備

「家の窓」「ロケットの丸」に、それぞれの大きさより小さく切ったパネル布をはり、裏打ちします。

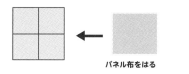

- 77 -

1.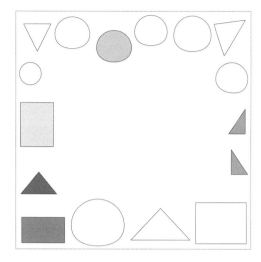

パネルの中央を空けておき、すべてのパーツをパネルのまわりにはっておく。

今日は、丸、三角、四角の形を使って、いろいろなものを作りますよ。どんなものができるかな？

♪　まる　さんかく　しかくの
　　かたちで　なに　つくろう
　　なに　つくろう

2.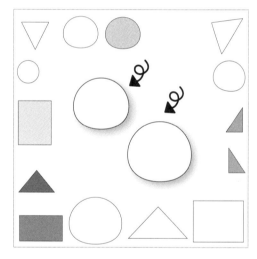

「雪だるまの丸1」（表）と「雪だるまの丸2」を出し、

丸と丸で、何ができるかな？

雪だるま～

雪だるま～

3.

子どもたちの反応を受けて、「雪だるまの丸1」（表）と「雪だるまの丸2」を雪だるまの形にはり、

あたり～！　雪だるまの形ですね。

「雪だるまの丸1」（表）を裏がえし、「雪だるまの帽子」をはり、

ほらね、雪だるまができました。

4.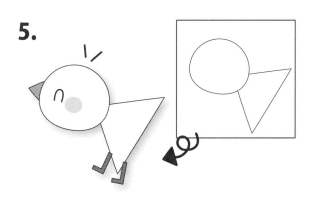

じゃあ、次はどんなものができるかな？

> 🎵 まる さんかく しかくの
> かたちで なに つくろう
> なに つくろう

「ひよこの丸」（表）と「ひよこの三角」を出し、

丸と三角で、何ができるかな？

なんだろう…

5.

子どもたちの反応を受けて、「ひよこの丸」（表）と「ひよこの三角」をひよこの形にはり、

これは、ひよこさんの形ですね。

「ひよこの丸」（表）を裏がえし、「ひよこの口」と「ひよこの足」をはり、

ほらね、ひよこさんができました。

6.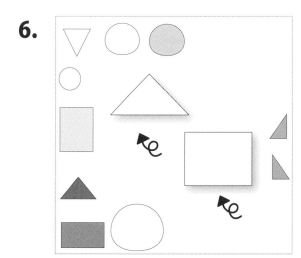

じゃあ、今度はどんなものができるかな？

> 🎵 まる さんかく しかくの
> かたちで なに つくろう
> なに つくろう

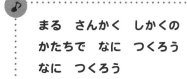

「家の三角」（表）と「家の四角」を出し、

三角と四角で、何ができるかな？

7.

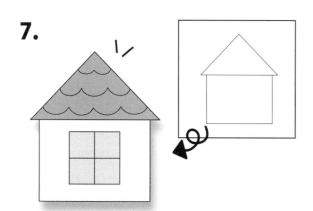

子どもたちの反応を受けて、「家の三角」(表)と「家の四角」を家の形にはり、

そうです。これはおうちの形ですね。

「家の三角」(表)を裏がえし、「家の四角」に「家の窓」をはり、

ほらね、おうちができました。

8.

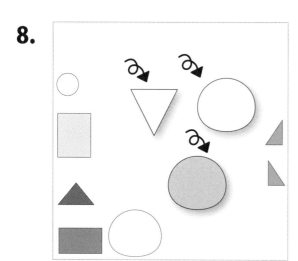

じゃあ、次はどんなものができるかな？

> まる さんかく しかくの
> かたちで なに つくろう
> なに つくろう

「アイスクリームの丸」(2枚)と、「アイスクリームの三角」(表)を出し、

丸が2つと三角で、何ができるかな？

9.

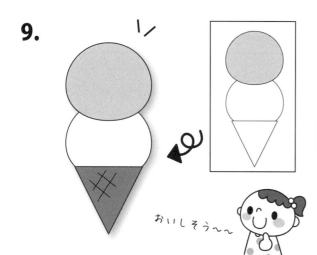

子どもたちの反応を受けて、「アイスクリームの丸」(2枚)と、「アイスクリームの三角」(表)をアイスクリームの形にはり、

そうです。みんなが大好きなアイスクリームですね。

「アイスクリームの三角」(表)を裏がえし、

ほらね、おいしそうなアイスクリームができました。
どんな味のアイスクリームかな？

Life is enjoyed
○△□で 何つくろう？

10.

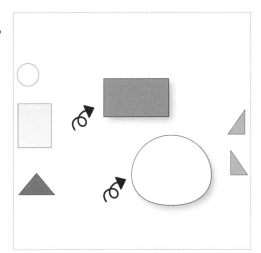

いろいろな形ができてきましたね。じゃあ、次はどんなものができるかな？

♪
> まる　さんかく　しかくの
> かたちで　なに　つくろう
> なに　つくろう

「気球の丸」（表）と「気球の四角」を出し、

丸と四角で、何ができるかな？

11.

子どもたちの反応を受けて、「気球の丸」（表）と「気球の四角」を気球の形になるように上下にはり、

これは、何の形かな？

「気球の丸」（表）を裏がえし、「気球のロープ」と「動物たち」をはり、

これは、気球になりましたね。動物たちが、楽しそうに気球に乗っていますね。

12.

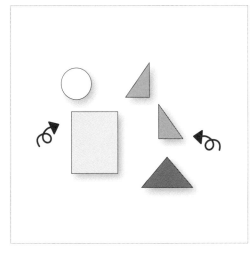

じゃあ、最後はどんなものができるかな？

♪
> まる　さんかく　しかくの
> かたちで　なに　つくろう
> なに　つくろう

「ロケットの四角」と「ロケットの三角1」「ロケットの三角2」「ロケットの三角3」「ロケットの丸」を出し、

四角がひとつと、三角3つ、丸がひとつで、何ができるかな？

13.

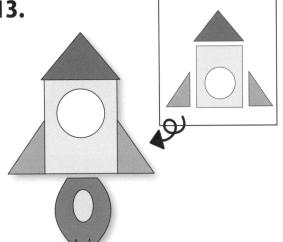

子どもたちの反応を受けて、「ロケットの四角」「ロケットの三角1」「ロケットの三角2」「ロケットの三角3」「ロケットの丸」をロケットの形にはり、

そうです。これはロケットの形ですね。

「ロケットの炎」をはり、

ほらね、ロケットができました。しゅっぱーつ！

丸と三角と四角で、いろいろなものができましたね。おもしろかったね。

まる・さんかく・しかくで なにつくろう？
作詞／作曲：井上明美

まる さんかく しかくの かたちで

なにつくろう なにつくろう

★型紙集

お好みに合わせて拡大して、ご使用ください。
まず全体を原寸でコピーし、それから使用するイラストを切り取り、拡大すると無駄なく使えます。
またイラストには色がついていませんので、拡大したものに色をぬりましょう。
また、編集の都合上、イラストの向きが違うものがございます。ご了承ください。
共通のイラストは P.110〜にまとめて掲載しています。お話に合わせて選んでご使用ください。

P.8-13　ならのだいぶつさん

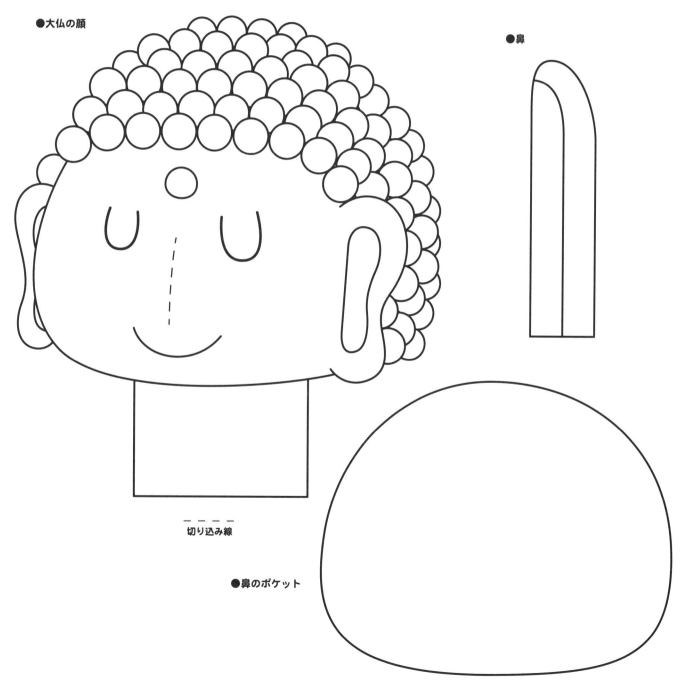

●大仏の顔

●鼻

切り込み線

●鼻のポケット

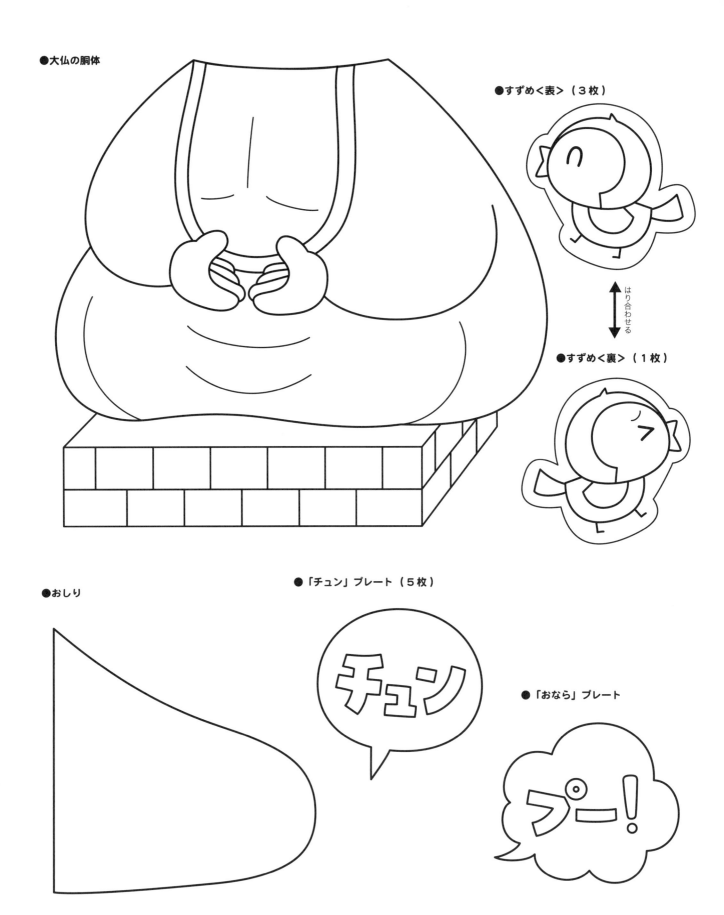

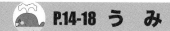

P.14-18 う み

●海（2〜3枚）

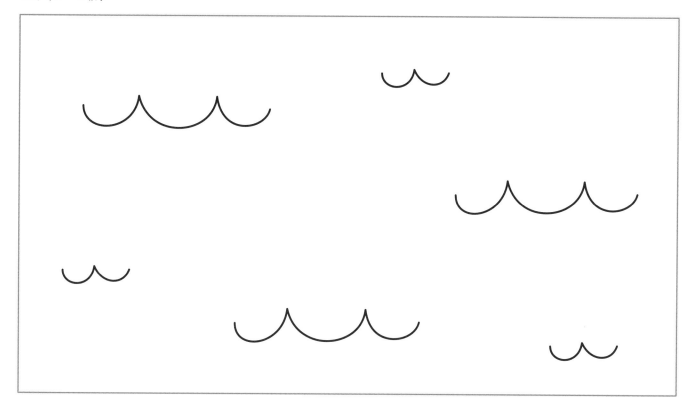

●月

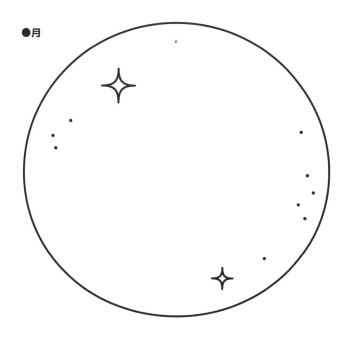

●ウサギ

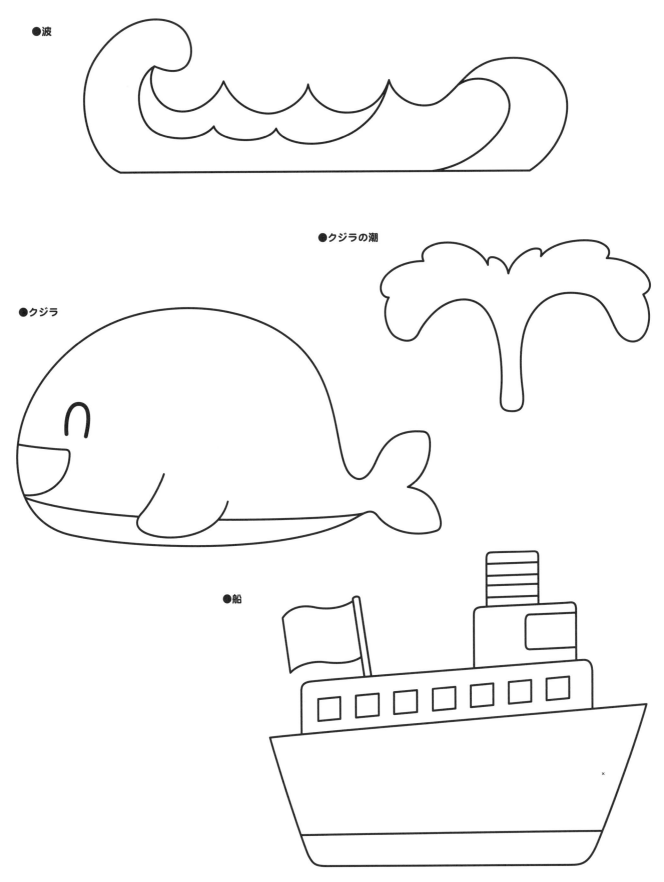

●よその国

P.19-22 メリーさんのひつじ

●メリーさんの顔 ＜表＞

はり合わせる

●メリーさんの顔 ＜裏＞

●メリーさんの胴体

●男の子

P.23-27 おはなしゆびさん

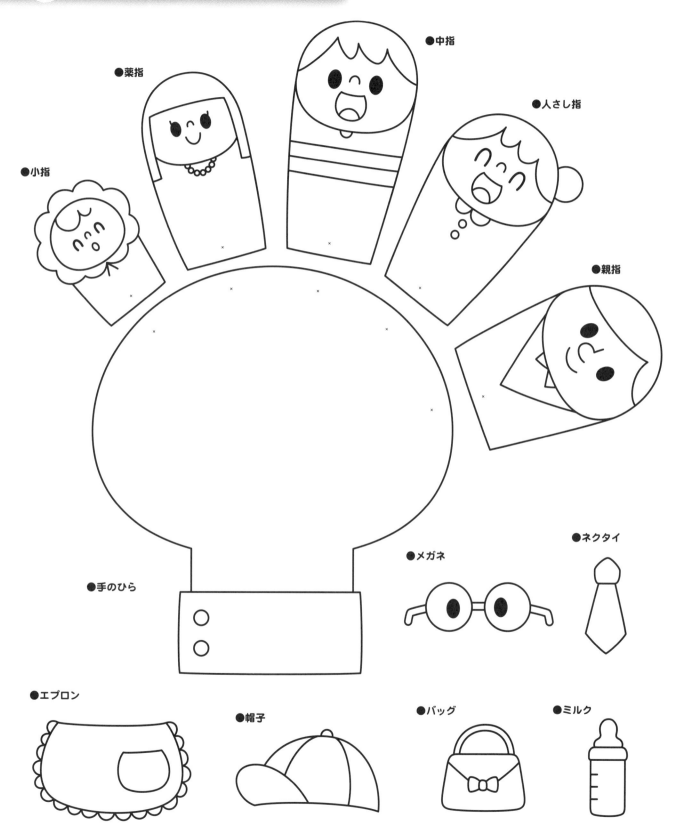

P.28-33 かわいいかくれんぼ

●ひよこ

●ウサギ

●すずめ

●ブタ

●飛行機
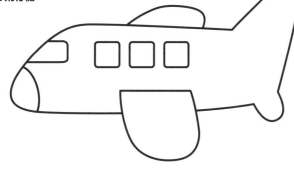

●へび1

●へび2
  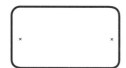

●へび3

●家

P.34-40 オオカミと7ひきの子ヤギ

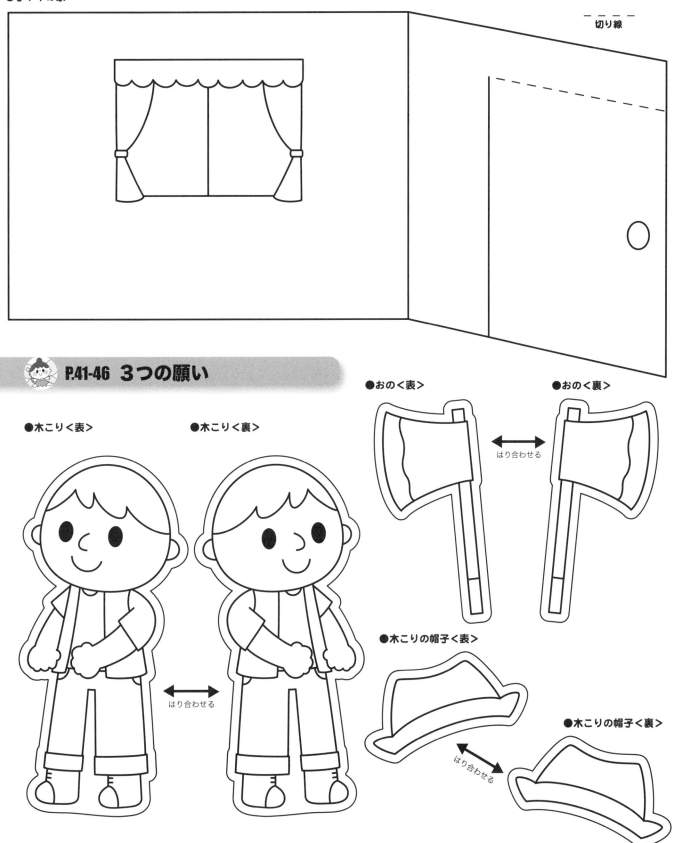

P.47-51 ヤギとコオロギ

●おばあさん＜表＞

●おばあさん＜裏＞

はり合わせる

●ヤギの顔1

●ヤギの胴体

切り込み線

●ヤギの顔2

●ヤギの耳のポケット

- 95 -

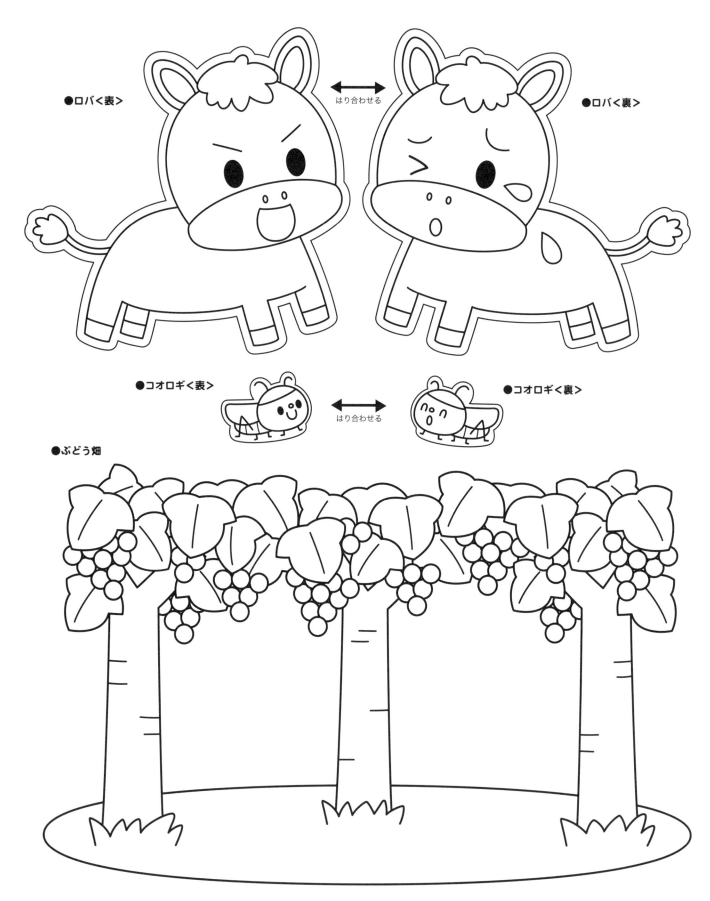

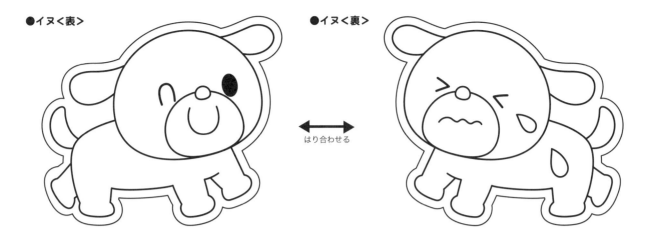

 P.52-57 金のおのと銀のおの

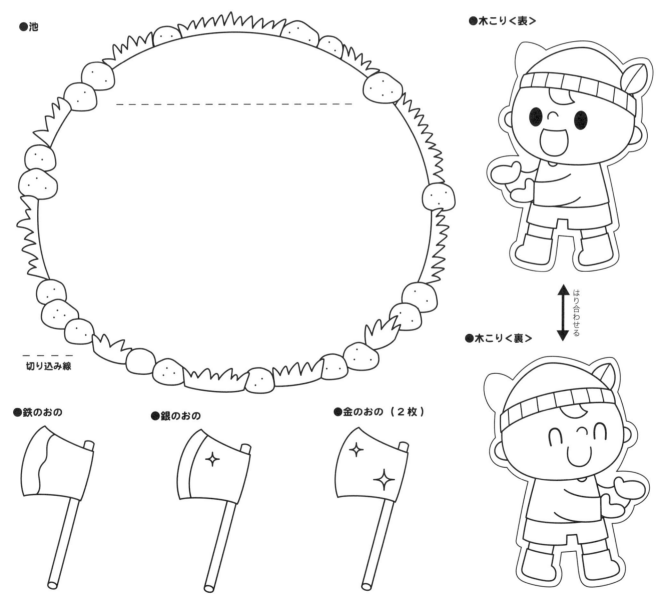

P.58-64 お誕生日おめでとう

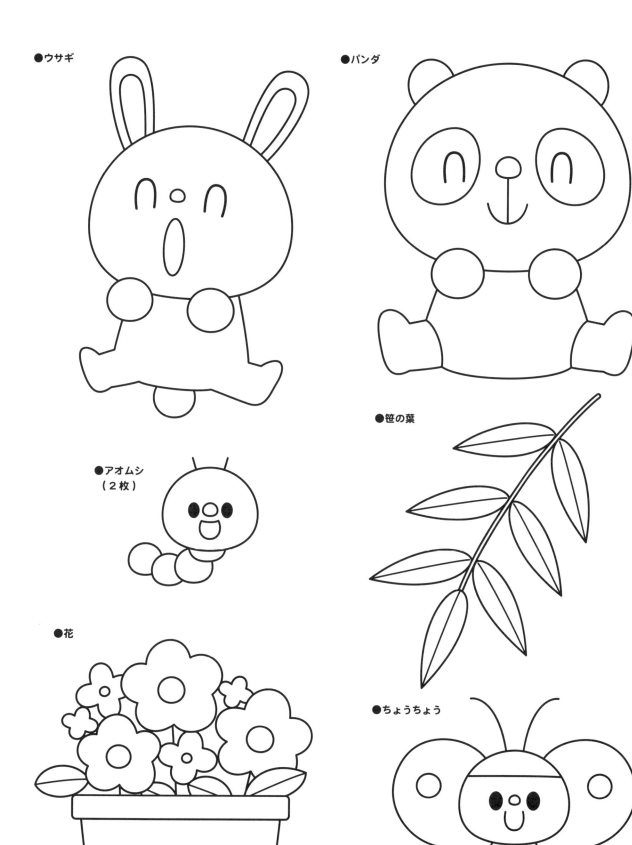

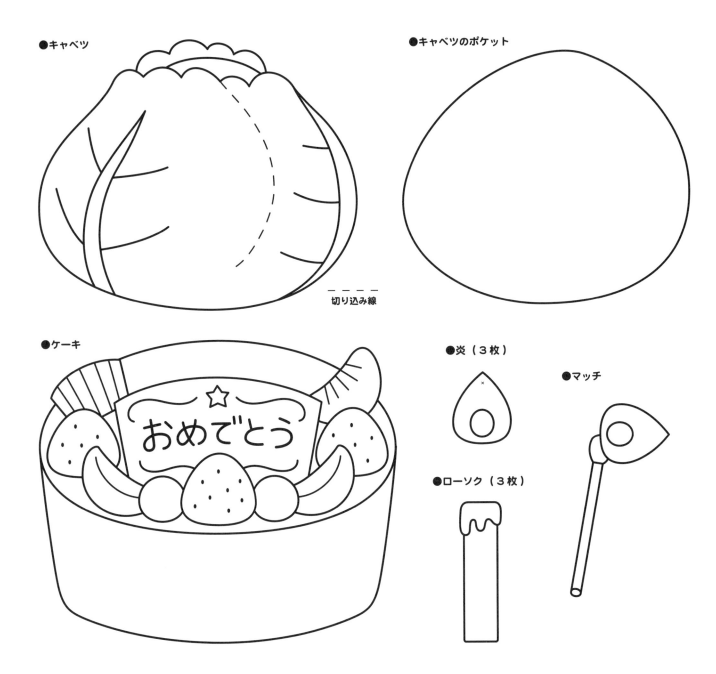

P.65-70 せんたく大好き

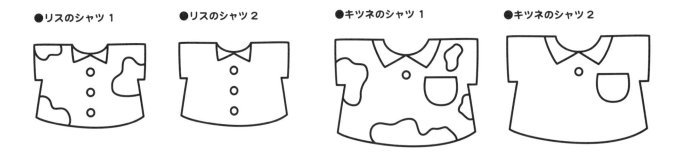

●洗濯かご

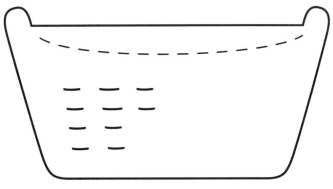

●洗濯かごのポケット

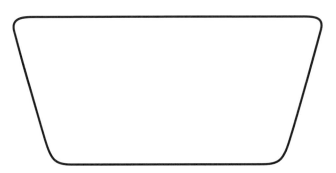

●洗濯機　　　　　　　　　　　　　切り込み線

●洗濯機のポケット

●洗濯バサミ（6枚）

●洗剤

●物干しざお

P.71-76 野菜ができたよ！

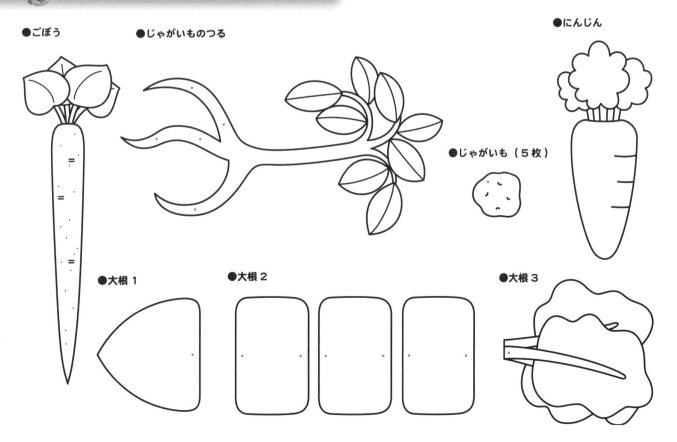

●土

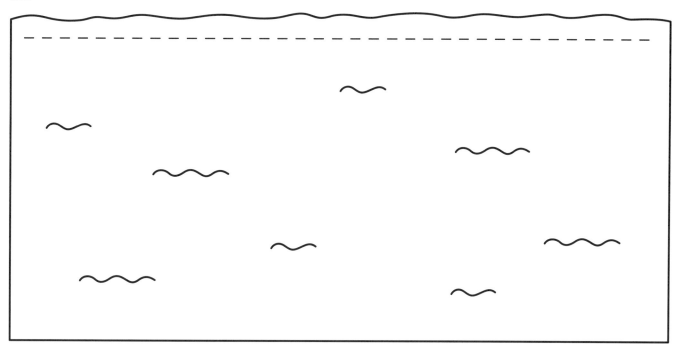

●土のポケット

●ザル　　　　　　　　　　　　　　　　　　　　　　切り込み線

P.77-82 ○△□で 何つくろう？

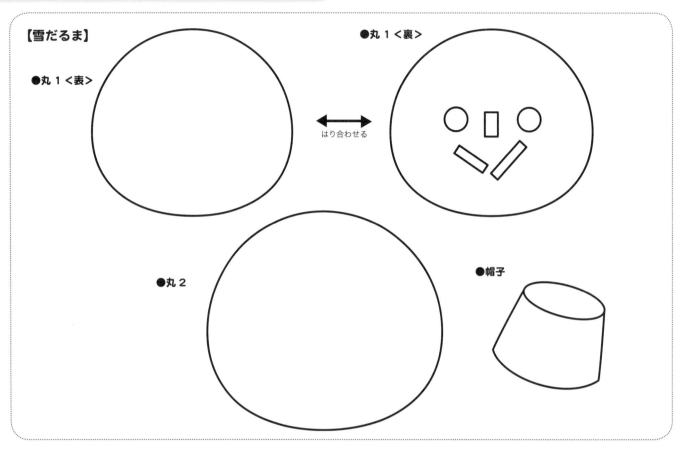

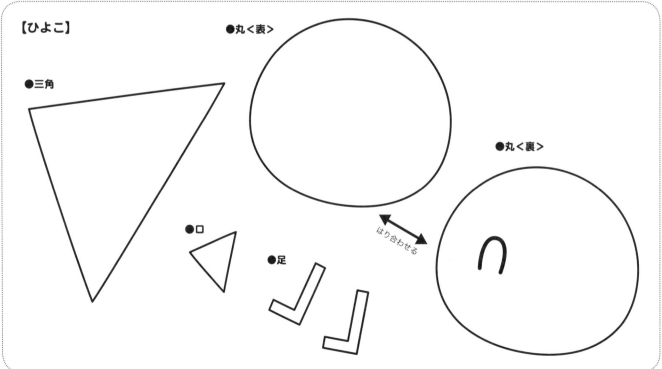

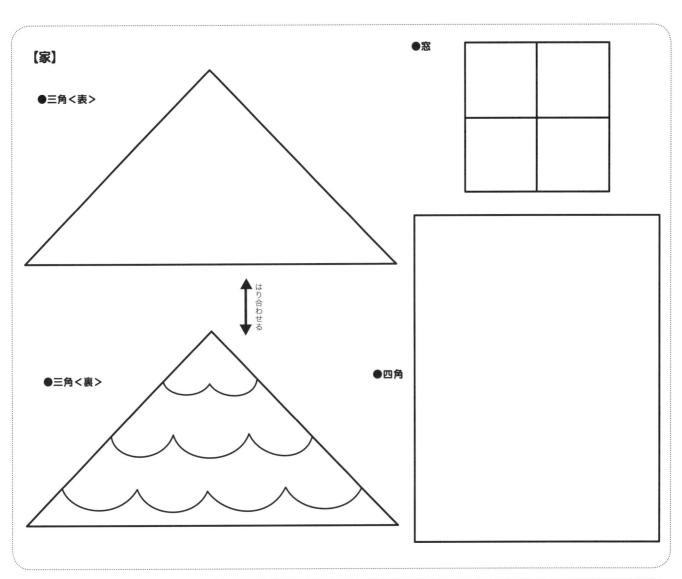

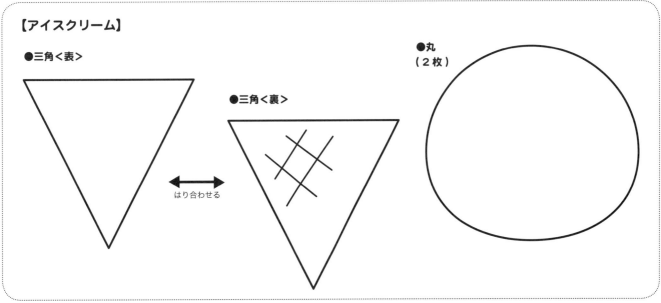

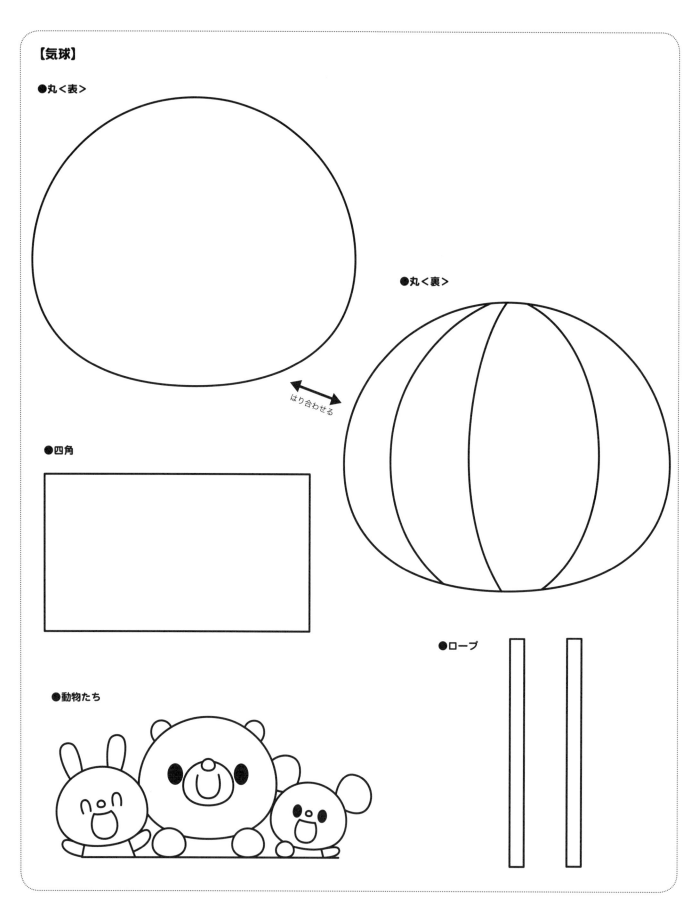

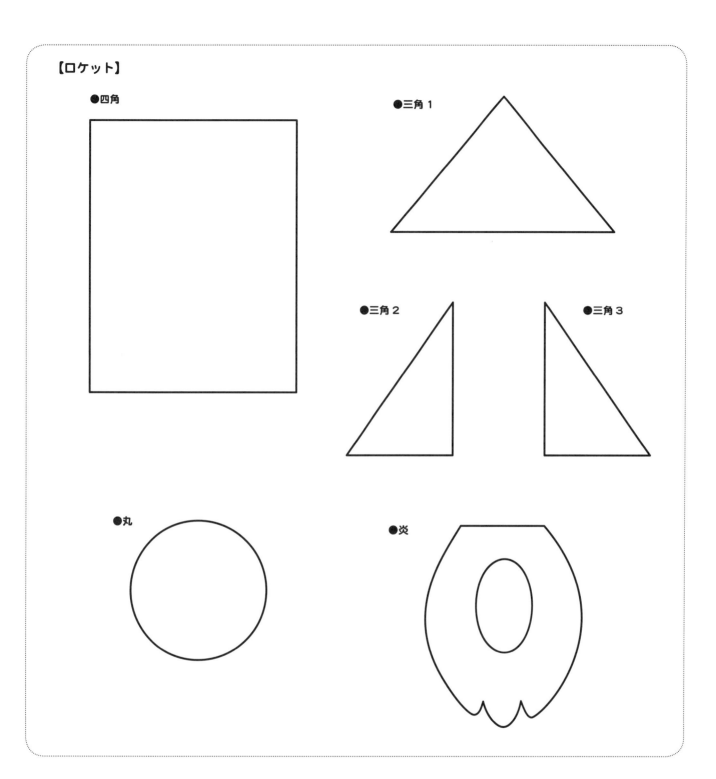

共通型紙素材

● 木1　P.19「メリーさんのひつじ」
　　　　P.41「3つの願い」
　　　　P.52「金のおのと銀のおの」

● 草1　P.19「メリーさんのひつじ」
　　　　P.34「オオカミと7ひきの子ヤギ」
　　　　P.41「3つの願い」
　　　　P.52「金のおのと銀のおの」

● 草2
　P.28「かわいいかくれんぼ」

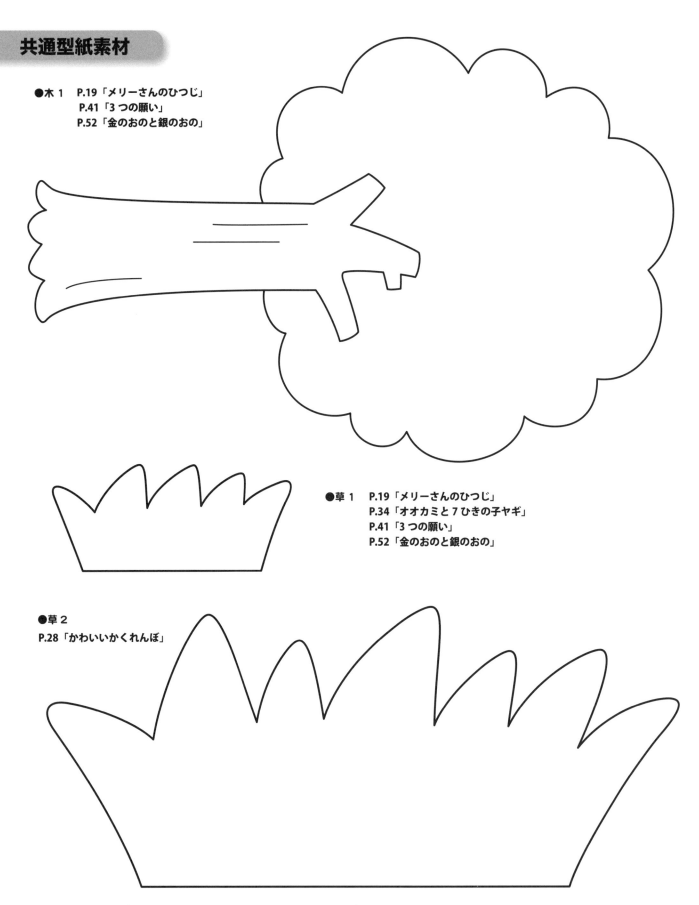

●太陽　P.14「うみ」
　　　P.28「かわいいかくれんぼ」
　　　P.65「せんたく大好き」
　　　P.71「野菜ができたよ！」

●木2　P.28「かわいいかくれんぼ」
　　　P.34「オオカミと7ひきの子ヤギ」
　　　P.41「3つの願い」

● 編著者

井上 明美（いのうえ あけみ）

国立音楽大学教育音楽学科幼児教育専攻卒業。卒業後は、㈱ベネッセコーポレーション勤務。在籍中は、しまじろうのキャラクターでおなじみの『こどもちゃれんじ』の編集に創刊時より携わり、音楽コーナーを確立する。退職後は、音楽プロデューサー・編集者として、音楽ビデオ、ＣＤ、ＣＤジャケット、書籍、月刊誌、教材など、さまざまな媒体の企画制作、編集に携わる。２０００年に編集プロダクション アディインターナショナルを設立。主な業務は、教育・音楽・英語系の企画編集。同社代表取締役。http://www.ady.co.jp
同時に、アディミュージックスクールを主宰する。http://www.ady.co.jp/music-school/
著書に、『ＣＤ付きですぐ使える みんなが主役の劇あそび！』、『子どもがときめく名曲＆人気曲でリトミック』『かわいくたのしいペープサート』（いずれも自由現代社）他、多数。また、2014年4月より、『幼稚園じほう』（全国国公立幼稚園長会）にて連載執筆。

● 情報提供

学校法人 東京吉田学園 久留米神明幼稚園／小林由利子　簑口桂子　齊藤和美　山縣洋子　野村容子

● 編著協力

アディインターナショナル／大門久美子、新田 操

● 表紙・本文イラスト作成

イシグロフミカ

短大の保育科を卒業後、幼稚園の先生として働きながらイラストを描き始め、現在フリーのイラストレーターとして活動中。保育・教育関連の雑誌や書籍などで、明るくかわいいタッチのイラストを描く。また、こどもが喜ぶ工作も手がける。
著書に「かわいい保育グッズのつくりかた」（自由現代社）、「かわいいえがすぐにかけちゃうほん」「1、2、3ですぐかわイラスト」（学研）、「親子でいっしょに季節の手作りあそび」（日東書院）などがある。　　URL : http://funyani.com

---

しかけがいっぱい！　かわいく たのしい パネルシアター　　　定価（本体1500円＋税）

編著者	井上明美（いのうえあけみ）
表紙・本文イラスト	イシグロフミカ
表紙デザイン	オングラフィクス
発行日	2015年 1月30日　第1刷発行 2020年11月30日　第7刷発行
編集人	真崎利夫
発行人	竹村欣治
発売元	株式会社 自由現代社 〒171-0033　東京都豊島区高田 3-10-10-5F TEL03-5291-6221／FAX03-5291-2886 振替口座　00110-5-45925
ホームページ	http://www.j-gendai.co.jp

皆様へのお願い

楽譜や歌詞・音楽書などの出版物を権利者に無断で複製（コピー）することは、著作権の侵害（私的利用など特別な場合を除く）にあたり、著作権法により罰せられます。また、出版物からの不法なコピーが行なわれますと、出版社は正常な出版活動が困難となり、ついには皆様方が必要とされるものも出版できなくなります。音楽出版社と日本音楽著作権協会（JASRAC）は、著作権の権利を守り、なおいっそう優れた作品の出版普及に全力をあげて努力してまいります。どうか不法コピーの防止に、皆様方のご協力をお願い申し上げます。

　　　　　　　　株式会社　自由現代社
　　　　　　　　一般社団法人　日本音楽著作権協会
　　　　　　　　　　　　　　　　（JASRAC）

JASRACの承認に依り許諾証紙張付免除

JASRAC　出 1417016-007
（許諾番号の対象は、当該出版物中、当協会が許諾のできる出版物に限られます。）

ISBN978-4-7982-2013-0

●本書で使用した楽曲は、内容・主旨に合わせたアレンジによって、原曲と異なる又は省略されている箇所がある場合がございます。予めご了承ください。
●無断転載、複製は固くお断りします。●万一、乱丁・落丁の際はお取り替え致します。